知識ゼロでも自分でできる！

オールカラー

個人事業の始め方

税理士
藤井 幹久 監修

アクセサリーショップ

ナツメ社

はじめに

　今、日本では、長時間労働の弊害に対する反省から**「ワーク・ライフ・バランス（仕事と生活の調和）」**が唱えられ、**「働き方改革」**が国をあげて進められています。また、「人生百年時代」を見据え、「サラリーマンとして1つの会社に勤め上げ、60歳で定年退職して余生を過ごす」という旧来型のライフスタイルの見直しが強く迫られています。

　このように、日本人が広く働き方、生き方の再検討を求められている流れの中で、個人が事業主として事業を行う**「個人事業」**に大きな関心が向けられています。

　企業で社員として働いていると、会社や上司の指示・命令に従って仕事を行わなければなりません。また、得られる給与も会社によってあらかじめ決められています。

　一方、個人事業は、**自分の裁量・判断で業務を進められる**ので、会社員よりも仕事と生活のバランスをとりやすくなる面があります。また、自分の働き方次第では、会社員の給料以上に収入をアップさせることが期待できます。

　つまりは自分にあった人生を実現でき、自分の能力にあった報酬を得られるわけです。個人事業は、こうしたメリットがあることから、次代の働き方、ライフスタイルの選択肢として注目を集めています。

　実際、「今のままの人生、働き方でいいのか」と思い悩み、個人事業を考えている人は少なくないでしょう。

　本書では、これから個人事業を始めようとする人のために、**知っておきたい基礎知識や手続きの進め方、事業運営のコツ**などをわかりやすく解説しています。

　開業するにあたって、最も重要になるのが**事業計画**です。この計画が適切なものであれば、開業資金の融資が得られるとともに、開業後の運営もスムーズになります。そこで、本書では1章でポイントを詳しく取り上げました。

　また、個人事業を始めると、**経理**や**税金**にかかわる作業を自分で行わなければなりません。税金納付のスケジュール、知識がなくても無理なくできる経理のポイントや確定申告の注意点なども実際の書式を示しながら紹介してあります。

　現在、個人事業を検討している人たちにとって、本書がその実現をサポートする道しるべの役割を果たすことを願っています。ぜひ、起業に成功して、自らの望む生き方、働き方を実現してください。

藤井　幹久

数日後…

はじめまして。夏目華子です。

ペコ

ペコ

税理士をしている森大介です。よろしく。

電話で話したように、夏目はアクセサリーショップを、俺は居酒屋を始める予定なんだけれど、

二人とも起業や経営のことは何もわからなくて…

イヤー

だから、今日は大ちゃんにアドバイスをもらおうと思ってさ。

まかせろ！

さっそくですが、夏目さん。

アクセサリーショップを経営するにはどんな心構えが求められると思いますか？

儲けようという気持ちでしょうか。

んーナンだろ？

利益がなければお店を続けられないので、それは当然、必要ですね。

ウン

ただ、儲けたいからといって何をしてもいいわけではありません。

事業を行う者に求められる心構え

❶当たり前のことを当たり前に行う

社会のルールを守ることのほかには、取引先や顧客に対して誠実な対応を心がけることも重要です。また事業を続けるためには堅実さが求められます。安定した売上を得られる収益モデルを確立できたら、それをぶれずに地道に実施し続けていくことが必要です。

❷事業で得たお金は事業のためだけに使う

事業を始めてから少し儲かると、入ってきたお金で外国の車や高級時計などを購入する人がいます。それらが事業に役立つのであればかまいませんが、そうでなければお金がムダになるだけで、経営が悪化したときに資金繰りに苦しむことになりかねません。事業で得たお金は事業のためだけに、具体的には売上につながるものだけに使うことを心がけましょう。

❸常に次の一手を考える

ひと昔前であれば、1つの商品やサービスが当たればそれだけで10年間は売上を確保できました。しかし、今の時代は移り変わりが激しすぎるため、そこまで長期間売れ続けることは期待できません。今現在、事業がうまくいっていたとしても、それが永遠に続くなどとは思わず、「時流にあった新しい商品、サービスはないか」と常に次の一手を考えることです。

事業に必要なものは「ヒト・モノ・カネ」

❶ヒト

　ヒトに関しては、従業員のほかに人脈も大切になります。たとえば、事業がピンチに陥ったときに、人脈に助けられることもあります。

　従業員の雇用に関しては54ページを、その上手な使い方については182ページを、人脈の広げ方に関しては184ページを参照してください。

❷モノ

　会社員だったときには、仕事に必要なモノは何もかも会社がそろえてくれました。しかし、個人事業では基本的に自分ですべて用意しなければなりません。

　事業に必要なモノを用意する際の注意点などについては52ページを参照してください。

❸カネ

　開業の際にどれだけのお金を用意しなければならないのかは、従業員を雇うのか否か、モノにどれだけのおカネがかかるのかによって変わってきます。そこで、まずはこの2つについて具体的に決めることが必要になります。

　事業に必要なお金を調達する方法に関しては56ページを参照してください。

8

個人事業の主なメリット・デメリット

メリット
1. 手続きが簡単。基本的に税務署への届出だけでOK。
2. 会社に比べて開業時の費用が安くすむ。
3. 開業後も事業主だけの判断で事業に関する決定を行える。

デメリット
1. 会社と比べて社会的信用性が低い。
2. 税金の負担を軽くする方法が限られている。
3. 民間の金融機関からの借入れが難しい。

会社の主なメリット・デメリット

メリット
1. 個人事業と比較すると社会的信用性が高い。
2. 税金の負担を軽くできる方法が幅広い。
3. 家族に事業を引き継がせる場合、必要な手続きを簡単に行える。

デメリット
1. 設立時の手続きが個人事業の場合に比べて手間と時間がかかる。
2. 個人事業よりも開業時の費用がかかる。
3. 事業主だけの判断で事業に関する決定を行えない場合がある（たとえば株式会社では、株主総会や取締役会などの承認が求められることがある）。

また、個人事業にも、同じようにメリット、デメリットがあります。

ふ〜ん

会社のほうが税金が安くなるかもしれないんだ。

総合的に考えて、どちらにするのか決めないとですね。

川川〜ン

そう！

税率などの関係で個人事業よりも会社のほうが税負担が小さくなる可能性はある。

ズビシ

だから個人事業で始めたとしても、売上が安定したら、会社にすることを検討してみるといいよ。

なるほど！

店舗、移動販売、ネット販売、在宅ワークのメリット・デメリット

店 舗

メリット
- 対面しながら接客できるので、個々の客の違いに応じた売り方ができる。
- 商品の使い勝手などを客に試してもらうことができる。

デメリット
- 店舗を借りる場合、賃貸料などがかかる。
- 客が足を運ばないと、商品を見てもらえない。

移動販売

メリット
- そのときに、最も集客が期待できる場所を選んで販売できる。
- 従業員が不要なことが多く、人件費を抑えられる。

デメリット
- 天候の影響を受けやすい。
- 提供できる商品が限定される。

ネット販売

メリット
- 店舗や移動販売に比べると、コストが安くすむ。
- 場所にしばられず、全国に向けて24時間365日売ることができる。

デメリット
- 対面での接客ができない。
- 集客が必ずしも容易ではない。

在宅ワーク

メリット
- オフィス費用がかからない。
- 移動の時間と費用、手間を削減できる。

デメリット
- 自己管理の意識が乏しいと仕事に身が入らないおそれがある。
- 仕事場所と自宅が同じことが、セキュリティ面でリスクとなる可能性がある。

イラストレーターやプログラマーのように、道具さえあればどこでも作業できるクリエイティブな仕事の場合には、在宅ワークという形も考えられますね。

開業の準備～開業までの流れ

開業準備
（1年前～半年前）
- 事業計画をまとめる（1章）
- 屋号を決める（2章）
- 事業に必要な資格や許認可を得る（2章）
- 事業に必要なお金を調達する（2章）

開業準備
（半年前～開業まで）
- 開業場所を決める（2章）
- 事業に必要なモノを用意する（2章）
- 事業に必要なヒトを集める（2章）
- 事業開始の届出をする（2章）
- 労務・社会保険関係の書類を提出する（2章）
- 勤めていた会社の退職手続きを行う（2章）

開　業

開業後
- 広告・宣伝を行う（3章）
- 見積書などの取引書類を作成・管理する（3章）
- 日々の経理と決算を行う（4章）
- 確定申告を行う（5章）

個人事業の開業・廃業等届出書（事業を開始する際に必要）

DL

62 ページ

税務署受付印

|1|0|4|0|

個人事業の開業・廃業等届出書

_____ 税 務 署 長

_____ 年 ____ 月 ____ 日提出

納 税 地	○住所地・○居所地・○事業所等（該当するものを選択してください。） （〒 ー ） （TEL ー ー ）
上記以外の 住 所 地・ 事 業 所 等	納税地以外に住所地・事業所等がある場合は記載します。 （〒 ー ） （TEL ー ー ）
フリガナ 氏 名	生年月日 ○大正 ○昭和 ○平成 ○令和 年 月 日生
個 人 番 号	
職 業	フリガナ 屋 号

個人事業の開業・廃業等について次のとおり届けます。

届 出 の 区 分	○開業（事業の引継ぎを受けた場合には、受けた先の住所・氏名を記載します。） 　住所 氏名 　事務所・事業所の（○新設・○増設・○移転・○廃止） ○廃業（事由 ） 　（事業の引継ぎ（譲渡）による場合は、引き継いだ（譲渡した）先の住所・氏名を記載します。） 　住所 氏名
所 得 の 種 類	○不動産所得・○山林所得・○事業（農業）所得〔廃業の場合……○全部・○一部（ ）〕
開業・廃業等日	開業や廃業、事務所・事業所の新増設等のあった日 年 月 日
事業所等を 新増設、移転、 廃止した場合	新増設、移転後の所在地 （電話）
	移転・廃止前の所在地
廃業の事由が法 人の設立に伴う ものである場合	設立法人名 代表者名
	法人納税地 設立登記 年 月 日
開業・廃業に係	「青色申告承認申請書」又は「青色申告の取りやめ届出書」 ○有・○無

所得税の青色申告承認申請書（青色申告を希望する場合に必要）

DL

64 ページ

税務署受付印

|1|0|9|0|

所得税の青色申告承認申請書

_____ 税 務 署 長

_____ 年 ____ 月 ____ 日提出

納 税 地	○住所地・○居所地・○事業所等（該当するものを選択してください。） （〒 ー ） （TEL ー ー ）
上記以外の 住 所 地・ 事 業 所 等	納税地以外に住所地・事業所等がある場合は記載します。 （〒 ー ） （TEL ー ー ）
フリガナ 氏 名	生年月日 ○大正 ○昭和 ○平成 ○令和 年 月 日生
職 業	屋 号

令和____年分以後の所得税の申告は、青色申告書によりたいので申請します。

1　事業所又は所得の基因となる資産の名称及びその所在地（事業所又は資産の異なるごとに記載します。）
　名称_____ 所在地_____
　名称_____ 所在地_____

2　所得の種類（該当する事項を選択してください。）
　○事業所得　・○不動産所得　・○山林所得

3　いままでに青色申告承認の取消しを受けたこと又は取りやめをしたことの有無
　(1) ○有（○取消し・○取りやめ）____年____月____日 (2) ○無

4　本年1月16日以後新たに業務を開始した場合、その開始した年月日 ____年____月____日

5　相続による事業承継の有無
　(1) ○有 相続開始年月日 ____年____月____日 被相続人の氏名_____ (2) ○無

- 新たに事業を開始したとき、また、事業用の事務所や事業所を新設・増設・移転・廃止したとき、事業を廃止したときの手続き。
- 事業の開始などの事実があった日から1月以内に行う。
- 手続きは、届出書を作成し、持参または送付により納税地を所轄する税務署（税務署宛）に提出する。

- 所得税の申告において、青色申告の承認を受けようとする場合の手続き。
- 申告をしようとする年の3月15日までに申請書を作成し、持参または送付により所轄の税務署（税務署宛）に提出する。
- その年の1月16日以後、新たに事業を開始した場合には、事業開始の日から2か月以内に提出する。

青色申告決算書の損益計算書（所得税の青色申告を行うために必要）

DL

- 所得税の申告において、青色申告をする人が提出する決算書。
- 「一般用」「農業所得用」「不動産所得用」「現金主義用」の4種類があり、多く人は「一般用」が当てはまる。
- 損益計算書と貸借対照表（下段の書式）があり、次ページの確定申告書とともに提出する。

134 ページ

青色申告決算書の貸借対照表（所得税の青色申告を行うために必要）

DL

- 所得税の申告において、青色申告をする人が提出する決算書。
- 損益計算書（上段の書式）、および次ページの確定申告書とともに提出する。
- 貸借対照表の右側（貸方）は、「負債・資本の部」という名称になっている。また、その右部には、原価計算をしている人が対象となる「製造原価の計算」の項が設けられている。

142 ページ

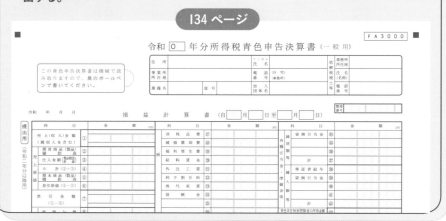

確定申告書（所得税の申告を行うために必要）

DL

158 ページ

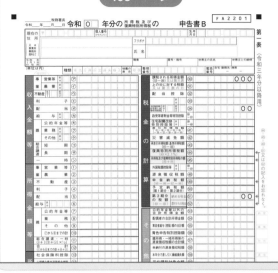

- 確定申告書には、「申告書A」と「申告書B」という2つの様式がある。
- Aの様式は主に会社員や年金生活者を対象としたもので、予定納税額のない人が使用する。
- 個人事業主は、だれでも使用できるB様式を使用する。
- 申告は、対象年の翌年2月16日から3月15日まで。

収支内訳書（所得税の白色申告を行うために必要）

DL

- 所得税の申告において、白色申告をする場合の手続きは特にない（青色申告の届出をしなければ自動的に白色申告になる）。
- ただし、上段の確定申告書とともに「収支内訳書」を提出する。
- 収支内訳書は、青色申告における損益計算書に相当し、1年間の収支の明細を表す書式。

160 ページ

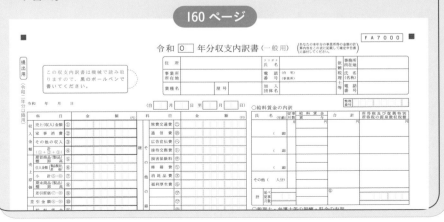

もくじ

1章 事業計画を立てよう！

2章 事業の準備からスタートまで

3章　事業運営のポイント

4章 経理・決算にトライする

5章　税金の申告方法をマスターしよう！

6章　事業をステップアップする

個人事業ファイルセット ダウンロード方法

本書では、付録として『個人事業ファイルセット』をご用意しています。
以下の方法で、お手持ちのパソコンよりダウンロードを行ってください。

❶ インターネットブラウザを起動し、**ナツメ社Webサイト**（https://www.natsume.co.jp）
　を開く
❷「**個人事業の始め方**」で書籍検索し、本書のページを開く
❸ ページ下部にある「**サンプルデータ**」以下の［**ダウンロード**］ボタンをクリックする

※ ご使用にあたって**Microsoft Excel**、**Microsoft Word**、**Adobe Acrobat Reader**が必要です。
※ このファイルセットは**Windows**対応です。

ファイルセットの内容

フォルダ名	収蔵ファイル	備考
日本政策金融公庫	**創業計画書**.pdf ▶ p.45	事業計画書としてご使用ください。
国税関係書類	**個人事業の開業・廃業等届出書**.pdf ▶ p.62 **所得税の青色申告承認申請書**.pdf ▶ p.64 **青色事業専従者給与に関する届出書**.pdf　▶ p.65 **給与支払事務所等の開設届出書**.pdf ▶ p.66 **源泉所得税の納期の特例の承認に関する　申請書**.pdf ▶ p.67 **所得税の棚卸資産の評価方法の届出書**.pdf　▶ p.68 **所得税の減価償却資産の償却方法の　届出書**.pdf ▶ p.69	「所得税の棚卸資産の評価方法の届出書」と「所得税の減価償却資産の償却方法の届出書」は同じ書式です。届出の用途を選択し、ご使用ください。
地方税関係書類	**事業開始等申告書**.pdf ▶ p.63	東京都の書式です。申告する各道府県ホームページまたは窓口より入手してください。
労働保険	**労働保険関係成立届**.pdf ▶ p.72 下書用 **労働保険概算・増加概算・確定保険料　申告書**.pdf ▶ p.73 下書用	下書用の書式です。地域により、書式が異なる場合もあり、必ず窓口より必要書類を入手してください。

雇用保険	**雇用保険適用事業所設置届**.pdf ▶ p.74 **雇用保険被保険者資格取得届**.pdf ▶ p.75	
取引関係書類	**見積書**.xls ▶ p.86 **納品書**.xls ▶ p.87 **請求書**.xls ▶ p.87 **領収書**.doc ▶ p.89	見積書、納品書、請求書には計算式が計算式が入力されています。必要事項を打ち込んでご使用ください。また、消費税（及び合計欄）の計算式を必要（内税）により変更してください。
金銭トラブル関係書類	**催告書**.doc ▶ 94 下書用 **支払督促申立書**.pdf ▶ p.95〜97 **民事調停申立書**.pdf ▶ p.98〜99 **少額訴訟の訴状**.pdf ▶ p.100〜101	催告書は、下書用の書式です。用途にあわせ、文章を変更し、ご使用ください。
決算関係書類	**青色申告決算書（損益計算書・貸借対照表）**.pdf 　　▶ p.134〜138, p.142 下書用 **確定申告書（第一表・第二表）**.pdf ▶ p.158 下書用 **収支内訳書（白色申告）**.pdf 　　▶ p.160〜162 下書用	下書用用の書式です。国税庁ホームページまたは窓口より用紙を入手してください。
消費税関係書類	**消費税課税事業者届出書**.pdf ▶ p.172 **消費税の納税義務者でなくなった旨の** 　　**届出書**.pdf ▶ p.173 **消費税簡易課税制度選択届出書**.pdf ▶ p.174 **消費税簡易課税制度選択不適用届出書**.pdf 　　▶ p.175	

＊本書は、2022年5月現在の情報等に基づき編集しています。ただし、ご購入時に税制・法令、手続き等が一部変更されている場合があります。

＊2019年5月より「令和」に改元されましたが、各種書類が新元号に対応していないため、従来の書式を掲載し、「平成〇年」などで記載しているものがあります。

＊本書に掲載されている書式の一部は、以下の各省庁が所轄する機関・窓口のホームページからもダウンロードできます。

- ●国税庁　https://www.nta.go.jp/
- ●東京都主税局　http://www.tax.metro.tokyo.jp/
- ●e-Gov（電子政府の総合窓口）　https://www.e-gov.go.jp/
- ●裁判所　http://www.courts.go.jp/

1章

事業計画を立てよう！

開業するにあたって、最も重要なのが「事業計画」。事業計画がしっかりしていれば、開業後の運営がスムーズになり、開業資金の融資が得られることも！

① 事業計画とは

事業計画は、①事業理念・ビジョン、②事業内容、③資金計画、④収支計画の4つからなる。文書にまとめたものを事業計画書という。

事業を確実に成功させるためには事業計画の策定が不可欠

　事業計画は、事業の概要や、事業の目指す将来の「目標」、それを実現するための具体的な行動などを明らかにするものです。どんな事業も行き当たりばったりに進めてうまくいくものではありません。始める前にしっかりと計画を立てることが大切になります。

　事業計画を立てる過程では、事業の採算性、成長性、リスクなどについても客観的なデータをもとに分析していきます。そこで事業に課題があることがわかれば、事前にその解決策を講じることもできます。事業を確実に成功させるためには、事業計画の策定が不可欠といっても過言ではないでしょう。

事業計画は4つの部分からなる

　事業計画は①事業理念・ビジョン、②事業内容、③資金計画、④収支計画の4つに分けられます。

①事業理念・ビジョン　なぜ事業を行うのか、事業によって社会にどのような メリットがもたらされるのかなど、事業の目的や意義を示したものです。

②事業内容　事業の具体的な中身について触れるものです。業種や取り扱う商品・サービスの概要に加えて、仕入や販売の仕組み、組織体制、運営方法などについてもまとめます。

③資金計画　設備費や運転資金など事業を行っていくうえで必要となる資金の額やその調達方法について示すものです。

④収支計画　事業によって得られる利益の予測を示すものであり、「利益計画」「損益計画」などとも呼ばれます。

ここが重要!

　事業計画を文書の形にまとめたものを事業計画書といいます。作成法に決まったルールはなく、基本的には自由に作成できます。ただ、事業計画書は、融資を得るために第三者に開示することもあります。自分以外の者の目に触れることも想定し、できるだけわかりやすい形にまとめることが望ましいでしょう。

　用語　**事業の採算性**　事業において利益が出るのか、収益性は高いのかなどを検討するときに使われる用語で、収支のつりあい具合のこと。「採算性が取れない」など。

事業計画の構成

Ｉ 事業理念・ビジョン

　事業理念は事業の目的や意義、ビジョンは事業を通じて成し遂げたいこと。ただし、一般企業などでは事業理念やビジョンが、明確に使い分けられているとは限らない。「経営理念」という名称でビジョンが示されているケースも多い。

2 事業内容に記載すべき項目の例　アニメ専門の古書店の場合

① 事業の概要	アニメ専門の古書店
② 取り扱う商品・サービスの内容	アニメ関係の専門古書・古雑誌、セル画、キャラクターフィギュアなど
③ 市場の環境	人口が減少する中、古書市場全体は縮小する可能性が高いが、アニメ専門の古書店は少ないため、品揃えを充実させればマニアの顧客ニーズを引き出すことが期待できる
④ 事業の将来目標	海外向けの通販サイトを設け、海外市場の開拓を実現したい
⑤ 事業の課題	アニメ人気が低下すると、取扱商品への関心が失われるおそれがある
⑥ 販売計画	想定する顧客はアニメファンやアニメ研究者。市場価格から乖離しない適正価格で販売する予定
⑦ 仕入計画	店頭買取や業者オークションなどを利用
⑧ 設備計画	広さが10坪程度で、家賃月15万円、保証金100万円以内の店舗を探す予定
⑨ 要員計画	当面は従業員を雇用しない

3 資金計画

　事業に必要となる資金の額とその調達方法を示すもの（詳細は38・56ページ）。

4 収支計画

　事業によって得られる利益の予測を示すもの（詳細は40ページ）。

メモ　市場の環境を分析する方法（フレームワーク）はさまざまに存在する。その代表例として、次ページで解説する「SWOT分析」がある。

② 事業の強み・弱みを把握する

「強み」「弱み」と「機会」「脅威」の組み合わせから、事業戦略（どのように事業を展開していくのか）を導き出すことができる。

SWOT分析で事業を分析する

事業計画をまとめる中では、どのような形で事業を展開していくのか、つまりは事業戦略の策定が必要になります。そして、事業戦略を構築するためには、事業をとりまく環境、状況について分析することが求められます。その手段の１つとして活用したいのが、SWOT分析（スウォット）です。SWOT分析では、強み（Strength）（ストレングス）、弱み（Weakness）（ウィークネス）、機会（Opportunity）（オポチュニティ）、脅威（Threat）（スレット）、の４つの要素を軸として事業の分析を進めていきます。

たとえば、「強み」としては、信頼性や資金、人材、商品開発力、情報などに関して競合よりも優位にあることなどが考えられます。

「弱み」の例としては、上にあげたような要素が、逆に競合よりも劣っていることなどが考えられるでしょう。

「機会」の例としては、事業の成長にとって有利に働くと予測される社会、政治、経済、市場、業界などの変化などがあげられます。

「脅威」には、事業の成長に不利に働くと予測される社会、政治、経済、市場、業界などの変化が考えられます。

事業戦略の選択肢は４つある

SWOT分析を行う場合、事業戦略は「強み」「弱み」と「機会」「脅威」の組み合わせから導き出すことが可能となります。具体的には、組み合わせのバリエーションごとに、次の４つの事業戦略の選択肢が考えられます。

❶「強み」と「機会」 強みを最大限に活かして、ビジネスチャンスを積極的に取り込んでいく（積極戦略）。

❷「弱み」と「機会」 弱みを改善し、ビジネスチャンスを逃さないようにする（改善戦略）。

❸「強み」と「脅威」 強みを最大限に活かして、徹底した差別化を図る（差別化戦略）。

❹「弱み」と「脅威」 市場などに存在するリスクから回避する方向を探る（戦略的撤退）。

４つの事業戦略の選択肢を実行することで、事業をよりスムーズに展開できるようになるはずです。

用語 競合　展開する事業に関してライバルとなり得る他の事業者のこと。事業戦略を策定する際には、現在の競合だけでなく、将来的に競合となり得る者に対しても目配りが必要となる。

SWOT分析

以下の図のように、事業の「強み（Strength）」「弱み（Weakness）」「機会（Opportunity）」
「脅威（Threat）」を「2×2」のマトリックス図の形で可視化して分析します。

■ SWOT分析

強み（Strength）
- 商品開発力がある
- 業界に精通した有能なアドバイザーがいる
- 前職のコネクションを利用できる

機会（Opportunity）
- インバウンドの拡大による需要増が期待できる
- 高齢化の進展もビジネスチャンスにつながる可能性がある
- AI技術の進化により開発コストの低下が進むと予測される

弱み（Weakness）
- 自己資金が少ない
- 営業力が弱い
- 業界内における認知度が低い

脅威（Threat）
- 競合が多い
- 原料を輸入に依存するので為替の影響を受けるおそれがある
- 国の規制が強まるリスクがある

■ SWOT分析によって導き出される戦略の種類

	強み（Strength）	弱み（Weakness）
機会（Opportunity）	「強み」＋「機会」 積極戦略	「弱み」＋「機会」 改善戦略
脅威（Threat）	「強み」＋「脅威」 差別化戦略	「弱み」＋「脅威」 戦略的撤退

メモ　上記のような「SWOT分析」から、さらに事業戦略を導き出すアプローチのことを「クロスSWOT分析」と呼ぶ。

③ 商品・サービスを具体化する

自身の事業を通じて提供する商品・サービスにはどのような価値があるのかを明確にしておく必要がある。

提供価値を明確にする

事業を通じて提供する商品・サービスの形がはっきりとでき上がっておらず、あいまいな状態の場合には、それを明確にする作業が必要となります。

その際に、意識しておくべきポイントは「提供価値」の問題、つまり商品・サービスを通じてどのような価値を顧客に提供できるかということです。

そもそも、商品・サービスに対して顧客がお金を払うのは、それらに価値があると考えるからにほかなりません。

したがって、顧客のニーズをつかむためには、商品・サービスにどのような価値があるのかを明確にすることが必要になるのです。

価値には３つの種類がある

商品・サービスの価値には大きく①機能的価値、②経済的価値、③心理的価値の３つがあります。

❶機能的価値 商品・サービスの性能やスペックです。たとえば、冷蔵庫であれば「ものを保冷、凍結させること」が機能的価値にあたります。

❷経済的価値 商品やサービスを購入することによって顧客が得られる経済的なメリットです。たとえば、自転車と自動車を比べると、同じ時間でも後者のほうがより遠くに移動できるという点で、時間の節約という経済的価値をもたらしているといえます。

❸心理的価値 商品・サービスによってもたらされる満足感や優越感、自己肯定感などポジティブな感情です。いわゆるブランド品や限定品の多くは、このような心理的価値を備えているといえるでしょう。

ここが重要!

最近の消費者は、「モノ」自体の価値を重視した「モノ消費」から、「コト」から得られる経験や満足感に対して対価を支払う「コト消費」へのシフトが進んでいると指摘されています。そのような傾向をふまえれば、機能的価値や経済的価値よりも心理的価値を優先した商品・サービス作りを意識することが適切かもしれません。

用語 提供価値 「顧客提供価値」「ブランドバリュー」ともいう。事業を通じて消費者などの顧客に提供できる独自の価値を意味する。

商品やサービスの具体化

■ モノ消費からコト消費へ

モノ消費  コト消費

| モノやサービスを購入すること自体に関心をもつ。 | 購入したモノやサービスを使ってどのような経験・体験をするかを重視する。 |

■ 商品・サービスがもつ３つの価値

「モノ消費からコト消費へ」の流れの中で、心理的価値を提供する商品・サービスが求められているのね！

機能的価値
商品・サービスの性能やスペック

重要 心理的価値を最優先に考える

経済的価値
商品・サービスの購入によって得られる経済的メリット

心理的価値
商品・サービスによってもたらされる満足感などのポジティブな感情

メモ 日本における従来型の消費のあり方としては、「モノ消費」のほかに、公共事業・補助金による施設整備によって誘発された「ハコ消費」もあげられている。

④ ターゲットを絞る

確実に利益を得るためには、ターゲットを絞り、そのターゲットに向けてアピールできる商品・サービスを開発・提供することが大切となる。

ターゲットの絞り込みはなぜ必要か

商品・サービスを具体化する際には「ターゲットの絞り込み」も必要になります。

商品・サービスには、心理的価値を重視することが求められます。すべての人を満足させるものを作ることは困難ですが、特定の人たちに魅力的に思えるものを提供することは可能です。つまり、確実に利益を得るためにターゲットを絞り、そのターゲットに向けてアピールできる商品・サービスを開発・提供することが大切となるわけです。

セグメンテーションによりターゲットを絞る

ターゲットの絞り方としては、まず市場を消費者の特性によって細分化したうえで、提供する商品・サービスに関心をもちそうな区分を探します。

区分としては、性別、年齢層、家族構成、職業、収入、居住地域、趣味志向などがあげられます。同じニーズや性質をもつ市場や顧客の集団として細分化された固まりをセグメントといい、セグメントに分ける作業をセグメンテーションといいます。そして、このようにセグメンテーションした中で、どこのセグメントをターゲットにするのかを具体的に決定します。なお、このようなセグメンテーションによりターゲットを絞り込む手法は開発段階だけでなく、開発した商品・サービスを宣伝するプロモーションの場面でも有効です。

ポジショニングにより市場での立ち位置を確認する

ターゲットへの働きかけを行う場合には、市場での自分の立ち位置を検討することが必要になります。

すなわち、自分の商品・サービスが他のものと十分に差別化できているかどうかを分析します。この作業をポジショニングといいます。この作業を通じて、差別化が十分でないと感じたら、商品・サービスの独自性を高めるなど、何らかの改善策を講じます。

差別化ができているかどうかは、「顧客にメリットを与えているか否か」を軸に判断するとよいでしょう。

用語 **プロモーション** 販売を促進するための活動。具体的な方法としては、「広告宣伝」や「パブリシティー」などがある。

セグメンテーションとポジショニング

■ セグメンテーションのイメージ例

セグメント❶～❻ 性別・年齢により細分化

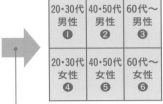

市場	→	20・30代男性 ❶	40・50代男性 ❷	60代～男性 ❸	→	20・30代男性 ❶	40・50代男性 ❷	60代～男性 ❸
漠然としており、どこをターゲットにすればよいかわからない		20・30代女性 ❹	40・50代女性 ❺	60代～女性 ❻		20・30代女性 ❹	40・50代女性 ❺	60代～女性 ❻

セグメンテーション
消費者の特性によって区分する

ターゲット❹
提供する商品・サービスに関心をもちそうな区分を選び、そこをターゲットにする

■ セグメンテーションの切り口

切り口	例
地 理	国、地域、気候、風土、文化的背景など
人 口	年齢、性別、家族構成、職業、所得、教育水準など
心 理	ライフスタイル、趣味嗜好、興味関心、価値観など
行 動	購買状況、求めるベネフィット、使用率、製品に対する態度など

■ 自分の立ち位置を検討する（ポジショニング）

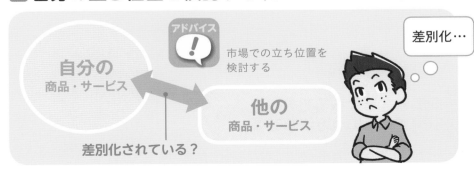

アドバイス
市場での立ち位置を検討する

差別化…

自分の
商品・サービス

他の
商品・サービス

差別化されている？

メモ　ターゲットを設定することをターゲティング（Targeting）といい、セグメンテーション（Segmentation）、ポジショニング（Positioning）とあわせてSTPと総称される。

⑤ マーケットリサーチをする

同業者や公的機関、民間のシンクタンクなど、さまざまな情報源から市場の動向をとらえ、商品・サービスの提供価値やターゲットを明確にする。

市場調査により市場の動向をとらえる

商品・サービスの提供価値やターゲットを明確にするためには、その前提として市場で求められているもの、つまりは多くの人が望んでいるものを的確に把握することが大切になります。

そうした市場のニーズを知るためには、マーケットリサーチ（市場調査）を行うことが必要になるでしょう。マーケットリサーチとは、市場の全体的な動向をとらえることを目的に情報や資料を集めて分析することです。その具体的な方法としては、訪問調査、電話調査など右ページの表にまとめたようなものがあげられています。

しかし、どの調査も本格的に行うには専門の調査業者に依頼する必要がありそれなりのコストを要するため、資金が十分ではない事業の立ち上げ時に行うことは難しいかもしれません。

同業者などから情報を収集するという方法もある

より取り組みやすく費用のかからない調査方法としては、友人や知人に、事業で取り扱う商品やサービスのアイデアについて感想や意見を聞くなどの手段もあります。

また、同業者からの情報収集も考えられます。具体的には、同業者の交流会などに参加して、現状の市場動向や人気商品などについて聞き出します。あるいは、飲食店を例にとれば、繁盛している店に客として訪問し、世間話にかこつけていろいろと情報を引き出すことなども可能でしょう。

それから、官公庁や公益法人、民間のシンクタンクなどが公表している産業・業界関連の各種の統計や調査結果なども市場の動向を知るための手段として活用できます。

書籍や冊子もあれば、インターネット上で無料で入手できるものもあります。「自分の業界に関してどのような情報を入手できるのか」を知りたい場合には、国立国会図書館の情報提供サイトである「リサーチナビ」を利用するとよいでしょう。「経済・産業」の分野にはさまざまな業界の情報源がまとめられており、大変便利です。

用語 **リサーチナビ** 国立国会図書館が提供する情報サイト。キーワードや分野から、さまざまな情報を効率よく探すことができる（https://rnavi.ndl.go.jp/rnavi/）。

マーケットリサーチ

■市場調査の方法

訪問調査	調査対象者の自宅を訪ねて直接質問を行う
郵送調査	調査対象者にアンケート用紙を郵送して回答を得る
電話調査	調査対象者に電話で質問を行う
会場調査	指定した場所に調査対象者を集めて、商品やサービスを試してもらい感想や評価などを聞き出す
観察法	調査対象者の行動を観察することによりデータを集める
グループ・インタビュー	調査対象者を1つの場所に複数人集めて、質問を行う
インターネットリサーチ	インターネットを利用してアンケートなどを行う

■取り組みやすい調査方法

友人に意見を聞く

同業者から情報収集

■各産業の市場規模や業界動向などを知りたいときに役立つ資料

『TDB業界動向』 （『TDB REPORT』2・8月号） （帝国データバンク）	業界全体や主要企業の動向と今後の見通し、過去から現在までの市場や製品などの動き、関連法規や用語、関連団体など、90前後の業界に関するさまざまな情報を掲載
『業種別審査事典』 （金融財政事情研究会）	1,000以上の業種について、業界動向や市場規模、関連法規などについて詳細に解説
『業種別業界情報』 （経営情報出版社）	350業種について、最近の業界の特性や今後の課題、将来性を解説
『日経業界地図』 （日本経済新聞社）	業界全体と代表的な企業の関係などが解説されている。同趣旨のものとして、『「会社四季報」業界地図』（東洋経済新報社）『図解! 業界地図』（プレジデント社）もある

メモ　上記の資料は、都道府県の中核図書館やビジネス書専門図書館に蔵書されている可能性がある。近所にそうした図書館があれば足を運んで確認してみるとよいかもしれない。

⑥ 事業資金を計算する

事業が軌道に乗るまでは十分な収入を得られないため、事業資金はできるだけ多めに見積もっておく。

開業時に必要な資金は2種類

事業をスタートし、続けていくためには、事業資金が必要となります。

事業資金には、大別すると①開業時に使う「開業資金」と、②開業後に事業を継続するために使う「運転資金」の2種類があります。

開業資金は、さらに「設備資金」と「諸費用」とに分けられます。「設備資金」は事業に用いる店舗や機器、備品などの設備を導入するために必要となる費用です。一方、「諸費用」はそれ以外の費用であり、開業に必要な事務手続きや登記関連の費用、店を借りるための保証金などがあげられます。

「運転資金」とは、日々の事業を運営していくうえで必要となる費用です。仕入費用、毎月の賃料、給与、水道光熱費、通信費などがその具体例です。

開業資金は多めに見積もる

事業計画の中では、こうした事業資金の計算も行わなければなりません。

開業したばかりの頃は、思わぬ出費を余儀なくされる可能性もあるので、開業資金はできるだけ多めに見積もっておきましょう。運転資金に関しては、月単位ではさほど高額ではないように思えても、年単位では非常に高額となる可能性があります。過小に評価をしていると事業開始後に資金不足に陥る危険性があるので、厳しく見積もることを心がけましょう。

もし可能であれば、見積もりを終えたら、実際に事業を手がけている人にチェックしてもらい、問題点などを指摘してもらうとよいでしょう。

アドバイス！

事業が軌道に乗るまでは十分な収入を得られず、生活費が足らなくなる可能性もあります。とくに会社勤めをしていた人は、社員時の所得に課される住民税の支払いが大きな負担になることがあるので注意が必要です。

開業資金とは別に生活費を確保する手だてについても、忘れずに考えておくようにしましょう。

用語 **仕入費用** 販売目的の商品や原材料を購入するために要した費用。商品・原材料自体の代金やそれらの運送費などが内訳となる。

事業資金の種類と注意点

■ 事業資金の種類

事業資金

開業資金

設備資金……事業に必用な機器・備品の導入費など
諸費用……開業に必要な事務手続きや登記関連の費用、店を借りるための保証金など

運転資金

仕入費用、毎月の賃料、給与、水道光熱費、通信費など、事業を運営していくうえで必要となる費用

■ その他、必要になる資金

> **生活費**

自身の毎月の生活費（食費・水道光熱費・家賃など）を確保しておく。

住民税は前年の所得に対して課されるので、会社員時代の給与明細をチェックし、概算を出しておく。

生活費は見落としがちです！

メモ 登記関連の費用としては、商業登記または不動産登記にかかわる費用が考えられるが、会社と異なり個人事業の場合には登記が不要なケースが多いだろう。

1章

事業計画を立てよう！

⑦ 資金計画をまとめる

個人事業は信用性が低いため、近親者以外から資金の借入れが可能なのは、「日本政策金融公庫」だけと考えておくのが無難。

資金の調達方法は2種類

事業資金の見積もりは、最終的に「資金計画」の形にまとめます。

資金計画には、必要となる事業資金の額とそれらの資金の調達方法について記載します。資金の調達方法としては大きく、①自己資金、②借入れの2種類が考えられます。

①自己資金 自分の現金や預金などを事業資金にあてることです。

②借入れ 近親者や銀行などからお金を借りて資金を調達することです。借入れをする場合には、資金計画の中で、返済期間や利息などの返済条件についても記載します。

資金計画の結果、事業の見直しが必要になることもある

資金計画を作成する過程では、このように資金の調達方法についても検討することになるので、「必要な事業資金の額が集められない」ことに気づくことになるかもしれません。特に、自己資金の額が十分ではない場合には、そうなる可能性が高いでしょう。

「不足分は、銀行から借りればいい」と思うかもしれませんが、金融機関から借入れを行う際には融資のための審査が行われます。その審査に通らなければ融資はおりません。そして、自己資金の額が低いと審査にパスしない可能性が高くなるのです。そもそも、個人事業は一般的に信用性が低いので、事業を始めようという人に対してほとんどの銀行は事業資金を貸し出すことに非常に消極的です。

後ほど改めて説明しますが、融資をしてくれるのは、事実上、日本政策金融公庫だけと考えておくのが無難です。

事業資金が不足していることが明らかになった場合には、店舗販売をやめてよりコストのかからないインターネット販売にするなど事業内容を抜本的に見直すことも必要です。

アドバイス！

返済期間が短すぎたり、利息が過度に高いような場合には返済に行き詰まるおそれがあるので注意が必要です。

用語 **日本政策金融公庫** 政府が全額出資している公的金融機関。個人や中小企業、農林水産業者などへの融資業務などを行う。

創業時の資金計画表の例

（単位：円）

必要な資金		金額
設備資金	1 店舗・工場など （内訳） 保証金 　1,000,000 礼金 　　100,000	1,100,000
	2 機械装置・ 備品・車両など （内訳） 営業車 　700,000	700,000
運転資金	商品の仕入代・ 経費の支払いなど （内訳） 材料費 　700,000 その他経費 　1,250,000	1,950,000
合計		3,750,000

アドバイス

！

詳細は
50ページ

調達方法	金額
自己資金	1,450,000
その他（親・兄弟・ 友人・知人）からの 借入れ （内訳） 両親 　1,300,000 兄 　1,000,000	2,300,000
金融機関からの借 入れ （内訳・返済方法）	
合計	3,750,000

重要

親・兄弟とい
えども契約書
の作成を

アドバイス

！

個人事業では
銀行からの借
入は難しい

メモ　近親者から事業資金を借り入れる場合には、後々のトラブルを防ぐためにも契約書をしっかりと作成し
ておきたい。

⑧ 収支計画を立てる

事業主本人にとっても融資側にとっても非常に重要な関心事である利益の予測をする収支計画は、実現可能性を考えて作成する。

収支計画は融資を得る際にも重要

事業を維持し、成長させるためには、利益を確保し続けなければなりません。

そのため、これから事業をスタートする人にとって最も気にかかることの1つは、「どれだけ利益を得られるか」ということでしょう。

また、融資を得るために事業計画書を開示することもあると述べましたが、その際に、金融機関が最も重視するのは利益です。利益の多い少ないは「貸した金が返ってくるか否か」に大きく影響するためです。

そのように、事業主にとっても第三者にとっても非常に重要な関心事となる利益の予測を目的として作成するのが収支計画です。

利益は収益から費用を差し引いて求める

収支計画には、今後、予測される利益の額を記載していきます。利益の額は、事業活動によってもたらされた収益から、それを得るために要した費用を差し引くことによって求められます。

これらの数字を導くために収支計画の中では売上高、売上原価、経費などの額が示されます。経費としては人件費や家賃、減価償却費（128ページ）などがあげられます。

安定して利益を得られるかどうかを確認するために、最低でも1〜2年、できれば3〜5年の中長期のスパンで予測を行うことが望ましいでしょう。

収支計画は実現可能性を考えて作る

実現可能性の乏しい収支計画は、"絵に描いた餅"となるおそれがあります。それを避けるためにも、予想される売上を極力確実なものに絞るなど、できるだけ確定的に判断することが適切です。

さらに、余力があれば、最良の場合を想定した理想的な売上の数字と最悪の場合を想定した数字の両方で、収支計画を作成するとよいでしょう。最悪の場合を想定した数字では利益を確保できないようであれば、事業の中身に大きな問題がひそんでいる可能性もあります。

用語 **売上高** 事業を通じて販売したモノや提供したサービスによって得た代金の合計額。単に「売上」ともいう。

収支計画表

		創業当初	1年後	3年後	メモ
売上高		万円	万円	万円	
売上原価		万円	万円	万円	
経費	人件費	万円	万円	万円	
	家賃	万円	万円	万円	
	支払利息	万円	万円	万円	
	減価償却費	万円	万円	万円	
	その他	万円	万円	万円	
	合計	万円	万円	万円	
利益		万円	万円	万円	

売上高の予測方法

■販売業でコンビニエンスストアなどのように店舗売りの比率が大きい業種の場合

売上高＝1㎡（または1坪）当たりの売上高×売場面積
＝12万円×90㎡＝1,080万円　例コンビニエンスストア

■飲食業や美容業などサービス業の場合

売上高＝客単価×設備単位数（座席）×回転数
＝1,500円×18席×（7.5回転×24日）＝486万円　例飲食店

■人の労働力に頼る割合が大きい業種（労働集約型）の場合

売上高＝従業員1人当たりの売上高×従業員数
＝214万円×3人＝642万円　例ビル清掃業

売上原価の計算方法

売上原価＝売上高×原価率

例コンビニエンスストア
1,080万円×65％＝702万円

利益の計算方法

利益＝収益−費用（経費）

例コンビニエンスストア
1,080万円−1,045万円＝35万円

メモ　創業時よりも1年後、1年後よりも3年後の売上高が多いというように、売上高が増えていくのが理想的な収支計画といえる。　41

⑨ PDCAサイクルを回して 事業計画を実行する

「計画(Plan)」➡「実行(Do)」➡「結果(Check)」➡「改善(Action)」の
4つのプロセスを順番に行うことで業務の改善を繰り返していく。

PDCAサイクルとは何か

事業計画では売上高などの目標額を掲げることになります。その目標を実現するための手段として有効なのが、「PDCAサイクル」です。

PDCAサイクルとは、「計画(Plan)」➡「実行(Do)」➡「結果(Check)」➡「改善(Action)」の4つのプロセスを順番に行うことで、業務の改善を繰り返していく手法です。事業を展開していく中では、さまざまな課題に直面することになります。PDCAサイクルを通じてそれらを1つずつ着実に解決することにより、最終的な事業の目標の達成を目指していくのです。

そのイメージは、右ページ左下のような「スパイラルアップ」の図で表現されます。

短期・長期の目標を数字で設定する

PDCAサイクルを実践する際には、短期的な目標と長期的な目標を具体的な数字で設定します。前者の数字をKPI、後者の数字をKGIといいます。KPIは「Key Performance Indicator」の略称で「重要業績評価指標」という訳語が、KGIは「Key Goal indicator」の略称で「重要目標達成指標」という訳語があてられています。

たとえば、事業の2年目に1,000万円の売上をあげることを目標とする場合、「1,000万円の売上高」がKGIとなります。そして、この売上を実現するために、①新規顧客を10%増やす、②リピート客を20%増やす、③客単価を15%アップすることを目標とした場合には、それぞれの数字がKPIとなります。

そして、①、②、③それぞれの売上目標を達成するためにPDCAサイクルを回していきます。すなわち、①、②、③の目標を実現するための行動計画を立て、実行し、結果を確認していきます。もし結果がおもわしくなければ改善策を考え、計画、実行というプロセスを繰り返します。

この結果、①、②、③すべてについて目標が達成できれば、最終的な目標である1,000万円の売上も実現できるわけです。

用語 行動計画 KPI(重要業績評価指標:Key Performance Indicator)を実現するために行うべき具体的な行動を計画してまとめたもの。

■PDCA サイクル

P 計画（Plan）
計画を立てる

D 実行（Do）
計画を実行する

C 結果（Check）
結果を評価する

A 改善（Action）
調べて改善する

P➡D➡C➡Aのプロセスを順番に行って、事業で直面する課題の
1つずつを解決していく

■スパイラルアップのイメージ

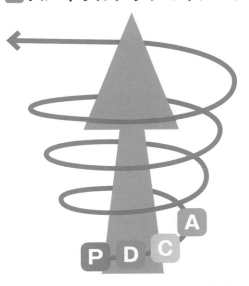

P **D** **C** **A**

PDCAを回しながら個々のKPIを達
成し、最終的にKGIを実現する

■KGI と KPI

KGI 長期目標

重要目標達成指標

事業の2年目に〇〇万円の
売上を達成するなど、事業
の戦略的な目標を設定する
こと。まずは、どこを目指
すのかを決める!!

KPI 短期目標

重要業績評価指標

日常業務レベルにおける具
体的な目標の設定。KGIを
達成するために、目指す場
所にどのような道を通って
どのように行くか、より戦
術的な指標を掲げる。

メモ 改善が必要となる場合、立てた行動計画に無理があることが少なくない。行動計画は「実現可能か否
か」を十分に考えてまとめるようにしよう。

⑩ 創業計画書を作成する

日本政策金融公庫（https://www.jfc.go.jp/）に融資を申請する際に作成する「創業計画書」は、そのまま事業計画書となる。

創業計画書をまとめれば事業計画は自動的にできる

前述のように金融機関から融資を得る場合、第一の選択肢となるのは日本政策金融公庫からの借入れでしょう。

同公庫に融資を申請する場合には「創業計画書」の提出が必要になります。創業計画書には、「創業の動機」「取扱商品・サービス」「必要な資金と調達方法」「事業の見通し」など事業計画書でまとめるべき要素が含まれています。つまり、創業計画書を作成すれば、自動的に事業計画書ができ上がるというわけです。

創業計画書は政策金融公庫のホームページから、無料でダウンロードできます。書き方も詳しく説明されていますし、また、「Q&A」形式で計画の策定方法などについてよくある疑問点に答えるコーナーも別に用意されていますので、誰でも作成することが可能でしょう。

「洋風居酒屋」「美容業」「婦人服・子供服小売業」などいくつかの業種については「記入例と記入のしかた」もあげられているので、同じかまたは類似した業種の事業を運営する場合には、とても参考になるはずです（右ページ「ソフトウェア開発業」記入例参照）。

また、月別の詳細な収支計画をまとめる場合に利用する「月別収支計画書」や、新たに設備投資を計画する場合に作成する「設備投資計画書」など、事業計画をより充実した内容にするのに役立つさまざまな資料のフォーマットが取りそろえられています。それらの文書も事業の進み具合などに応じて、積極的な活用を検討してみてください。

政策金融公庫のホームページで起業に役立つ情報を得る

政策金融公庫のホームページには、創業計画書以外にも、個人事業主が起業をするうえで有益な情報が数多く掲載されています。

具体的には、「公庫の創業支援メニュー」と題したページにおいて「創業前支援」「創業時支援」「創業後支援」という形で、創業の各段階に応じて意識すべきポイントや情報などが、電子メールなどを通じて伝えられる仕組みとなっています。

用語　創業後支援　創業後の販路開拓などに利用することを想定して、日本政策金融公庫が用意しているサポートサービス。

日本政策金融公庫・創業計画書記入例（ソフトウェア開発業）

DL

創　業　計　画　書　　【記入例】　　〔令和　○　年　○　月　○　日作成〕

お名前　**株式会社○○○**

創業のきっかけ、経歴、技術、事業の特徴などのポイントを記入してください。

❶ 1　創業の動機（創業されるのは、どのような目的、動機からですか。）

・勤務時代にソフトウェアの企画開発・製作・販売・運用・管理に一貫して携わっていた経験を生かしたい。
・元勤務先などからの支援もあり、事業の見通しが立ったため。

公庫処理欄

❷ 2　経営者の略歴等（略歴については、勤務先名だけではなく、担当業務や役職、身につけた技能等についても記載してください。）

年　月	内　容	公庫処理欄
H○年○月	○○工科学院卒	
H○年○月～	（株）○○システムズ（ソフトウェア開発業）7年勤務	
H○年○月～	○○データ（株）（ソフトウェア開発業）12年勤務	
	（医療関連事業部プロジェクトリーダーを務める）（当時の月給40万円）	
R○年○月	退職（退職金200万円）	
現在	創業準備中	

創業計画書の左側（次ページに右側を掲載）は、主に申請者のプロフィールと、取引関係の紹介を記載する様式になっている。

過去の事業経験	☑事業を経営していたことはない。 □事業を経営していたことがあり、現在もその事業を続けている。（⇒事業内容：　　） □事業を経営していたことがあるが、既にその事業をやめている。（⇒やめた時期：　　年　　月）
取得資格	□特になし　☑有（ソフトウェア開発技術者資格（H○年○月）　番号等　　）
知的財産権等	☑特になし　□有（　　）　　□申請中　□登録済

❸ 3　取扱商品・サービス

取扱商品・サービスの内容	① 介護・医療施設用の顧客・財務管理システム開発	売上シェア 80％
	② →300万円～1,000万円/件、開発期間3ヵ月～半年ほど	売上シェア ％
	③ 医療関連機器のファームウェア開発	売上シェア 20％

セールスポイント	・介護・医療関連のシステム開発の知識を生かし、システム開発の提供だけでなく、運用に関するコンサルティングも行う。	公庫処理欄
販売ターゲット・販売戦略	・元勤務先（○○データ（株））からの業務請負（R○年○月○日契約締結済）を軸に、並行して営業を行い受注の幅を広げる。	
競合・市場など企業を取り巻く状況	・介護・医療関係はシステム化の需要が大きい。 ・当社のように企画開発・製作・販売・運用・管理に一貫して対応できる企業は少ないため、成長が見込める。	

❹ 4　取引先・取引関係等

・販売先・仕入先との結びつきがあれば記入してください。
・契約書・注文書などがあれば添付してください。
・販売・仕入条件について確認しておく必要があります。立地選定理由についても触れてください。

	フリガナ 取引先名 （所在地等（市区町村））	シェア	掛取引の割合	回収・支払の条件
販売先	○○データ（カ ○○データ（株）（元勤務先） （○○区○○）	70％	100％	末日／翌月末 日回収
	○○カイ 医療法人○○会（元勤務先の販売先） （○○区○○）	30％	100％	末日／翌月末 日回収
	ほか　　社	％	％	日／日回収
仕入先	（　）	％	％	
	ほか　　社	％	％	日／日支払
外注先	○○ソフト（株） ○○ソフト（株）（元勤務先の外注先） （○○区○○）	100％	100％	末日／翌月末 日支払
	ほか　　社	％	％	日／日支払
人件費の支払		末日／翌月25日支払（ボーナスの支給月　6月、12月）		

上から順に、❶創業の動機、❷経営者の略歴等、❸取扱商品・サービス、❹取引先・取引関係等を記載する。

創業計画書の右側（前ページに左側を掲載）は、主に借入と事業の収支予想を記載する様式になっている。

アドバイス ！

注意書きにある通り、自分で作成した書式で提出することも許されている

DL

☆ この書類は、ご面談にかかる時間を短縮するために利用させていただきます。
　なお、本書類はお返しできませんので、あらかじめご了承ください。
☆ お手数ですが、可能な範囲でご記入いただき、借入申込書に添えてご提出ください。
☆ この書類に代えて、お客さまご自身が作成された計画書をご提出いただいても結構です。

❺　5　従業員

| 常勤役員の人数（法人の方のみ） | 2 人 | 従業員数（3ヵ月以上継続雇用者※） | 1 人 | （うち家族従業員） | 0 人 |
| | | | | （うちパート従業員） | 0 人 |

※ 創業に際して、3ヵ月以上継続雇用を予定している従業員数を記入してください。

❻　6　お借入の状況（法人の場合、代表者の方のお借入）

お借入先名	お使いみち	お借入残高	年間返済額
○○銀行△△支店	□事業 ☑住宅 □車 □教育 □カード □その他	2,554 万円	132 万円
	□事業 □住宅 □車 □教育 □カード □その他	万円	万円
	□事業 □住宅 □車 □教育 □カード □その他	万円	万円

❼　7　必要な資金と調達方法

必要な資金	見積先	金 額	調達の方法	金 額
設備資金 店舗、工場、機械、車両など （内訳） ・パソコン・サーバー等一式 ・事務機器 ・備品類 ・保証金	○○社 ○×社 △△社	690 万円 500 70 20 100	自己資金	550 万円
			親、兄弟、知人、友人等からの借入 （内訳・返済方法）	万円
見積書などを添付してください。			日本政策金融公庫　国民生活事業 からの借入 **元金6万円×84回**（年○.○％）	500 万円
			他の金融機関等からの借入 （内訳・返済方法） ○○銀行 **元金6万円×84回**（年○.○％）	500 万円 500
運転資金 商品仕入、経費支払資金など （内訳） ・外注費支払 ・諸経費支払 （システム開発に、最短でも3ヵ月かかるため、つなぎ資金が必要）		860 万円 270 590	金額は一致します。	
合　計		1,550 万円	合　計	1,550 万円

上から順に、❺従業員、❻お借入の状況、❼必要な資金と調達方法、❽事業の見通しを記載する。

❽　8　事業の見通し（月平均）

	創業当初	1年後 又は軌道に乗った後（○年○月頃）	売上高、売上原価（仕入）、経費を計算された根拠をご記入ください。
売上高	300 万円	390 万円	〈創業当初〉 ①売上高　300万円／件×1件／月＝300万円（受注契約書あり） ②原価率（外注費）30％（勤務時の経験から） ③人件費　代表者1人、役員1人、従業員1人 （代）45万円＋（役）30万円＋（従）25万円＝100万円 家賃　20万円 支払利息（内訳）500万円×年○.○％÷12ヵ月＝○万円 500万円×年○.○％÷12ヵ月＝○万円 計3万円 その他光熱費、消耗品費等　75万円
売上原価（仕入）	90 万円	117 万円	人件費は、従業員数もわかるようにしてください。
	100 万円	140 万円	
家賃	20 万円	20 万円	
経費　支払利息	3 万円	3 万円	〈軌道に乗った後〉 ①創業当初の1.3倍（勤務時の経験から） ②当初の原価率を採用 ③人件費　従業員1人、役員報酬・従業員給与増額　計40万円増 その他経費　20万円増
	15 万円	95 万円	
	38 万円	258 万円	支払利息（月間）は、「借入金×年利率÷12ヵ月」で算出します。
利益 ①－②－③	12 万円	15 万円	（注）個人営業の場合、事業主分は…

・借入金の返済元金はここから支払われることになります。
・個人営業の場合、事業主分の人件費はここに含まれます。

9　自由記述欄（追加でアピールしたいこと、事業を行ううえでの悩み、欲しいアドバイス等）

ほかに参考となる資料がございましたら、併せてご提出ください。

（日本政策金融公庫　国民生活事業）

2章

事業の準備から スタートまで

事業を始めるまでに「ヒト・モノ・カネ」をそろえよう。忘れてならないのが税金にかかわる届出書。個人事業では、税金の申告、納付などの手続きが必要！

① 屋号を決める

屋号は義務ではないが、幅広い集客が求められる事業では不可欠。ただし、法律で禁止されている屋号もあるので、要注意。

屋号は店や事務所の名前

屋号は、店や事務所の名前です。会社でいえば、社名に該当するもので、「事業を行っている者が誰なのか」を明らかにするために使われます。

個人事業において、屋号は義務ではありません。実際、会社に所属せず、個人で活動しているプログラマーやデザイナー、ライターなどのフリーランス業では、屋号をもたない例が珍しくありません。しかし、飲食店や小売店などのように幅広い集客が求められる事業を行うのであれば、ブランド力や認知度を向上するために屋号は不可欠となるでしょう。

わかりやすさを最優先する

屋号を決める際には、取引先などに広く知ってもらうためにもわかりやすさを最優先すべきです。発音しにくかったり、長すぎたり、横文字や数字が多かったりすると、正確に覚えてもらえないおそれがあります。また、「○○カフェ」「○○自転車」などのように、屋号から事業内容が伝わるものが望ましいかもしれま

せん。たまたま屋号を目にした人が「カフェか、今度行ってみよう」という気持ちになるなど、営業効果も期待できます。

法律で禁止されている屋号も

屋号の決め方に関しては禁止されていることもあります。まず、著名な商標と同じもしくは類似している屋号をつけることは許されません。商標とは、特許権や著作権と同様に知的財産権の1つで、企業の社名や商品・サービスの目印のことであり、登録制度によって保護されています。

自分がつけようと思っている屋号が商標登録されていないかどうか、「特許情報プラットフォーム」で必ず確認してください。同サイトは独立行政法人工業所有権情報・研修館が運営する特許や商標などの検索システムであり、無料で利用できます。

また、「○○会社」など法人や会社と間違われるおそれのある屋号や、「○○銀行」など法律で定められている特定の業種名をつけることも禁止されています。

用語　工業所有権情報・研修館　特許情報提供、知財情報活用促進、産業財産権相談、知財人材育成などの業務を実施する経済産業省所管の独立行政法人。

屋号をつけるときの注意点

登録商標の検索

①特許情報プラットフォーム（https://www.j-platpat.inpit.go.jp）にアクセスし、「商標」にチェックを入れる。

②検索ボックスに候補の屋号を入力し、検索ボタンをクリック。商標登録されていなければ「検索結果は0件でした」と表示される。

屋号に禁止されている名前

○○会社　　○○法人　　○○信用金庫
○○株式会社　○○保険　　○○財団
○○Inc.　　○○銀行　　○○組合
○○Co.,Ltd　○○労働金庫

メモ　商標法などに定められた条件を満たす場合には、特許庁に自分の屋号を商標として申請し、登録することもできる。

② 開業場所を決める

自宅開業も選択肢の1つに。適した物件をピンポイントで見つけるためには、
地域の不動産会社に相談するほうが効果的なこともある。

■ 自宅開業も選択肢の1つ

　開業場所をどこに選ぶのかは、業種などによって変わってくるでしょう。飲食店や小売店のように集客が重要となる業種であれば、駅の近くなど人の集まりやすい立地を選ぶことが必要になります。他方、ネットショップのように顧客と直接、対面する必要がない業種であれば、場所はどこでも構わないともいえます。

　また、起業するというと「オフィスを外に借りなければ」と思うかもしれませんが、資金が十分でない間は、毎月の賃料の支払いは大きな負担です。自宅で開業することが可能かも検討してみましょう。

　なお、自宅を仕事場とする場合には、家賃や光熱費などの一部を経費で計上して、税金の負担を軽減することもできます。詳しくは、188ページ「家事按分（あんぶん）」を参照してください。

■ ネットより地域の不動産会社が頼りになることも

　事務所や店舗を借りる場合、不動産賃貸情報サイトで物件を見つけようとする人が多いかもしれません。

　いざ物件探しを始めてみると、気に入ったところがなかなか見つからないことがあります。

　同じお酒を扱うお店でも、おしゃれなイメージを打ち出したいバーであれば、駅前のざわついたエリアよりも、裏通りの落ち着いた雰囲気の場所に出店したいでしょう。逆に、サラリーマンや学生などをターゲットにした大衆的な居酒屋であれば、駅前の目立つ場所は大歓迎のはずです。

　しかし、ニーズに適した立地は、競合も狙っていることが多いのでそう簡単には見つけられません。

　事業のニーズに適した物件をピンポイントで見つけるためには、インターネットで探すよりも、出店したいエリアで長く営業している不動産会社に相談するほうが効果的な場合もあります。地域の物件情報は長年、地元で活動してきた不動産会社に真っ先に入ってきます。また、街の様子や人々の暮らしむきなど、有益な情報を教えてもらえる可能性があります。

用語 **不動産賃貸情報サイト**　アパート、マンション等の賃貸不動産に関する情報を提供するサイト。「Yahoo!不動産」や「スーモ（SUUMO）」などが有名。

店舗・事務所を選ぶときに確認しておきたい5つのポイント

❶ 上下の階にはどのようなテナントが入っているのか

　　集合ビルに店舗を構える場合、同じフロアの店は特に意識しないでも自然と「あっ、美容院も入っているのか」などと知ることになるでしょう。しかし、**上下階のテナント**は見落としがちです。エステサロンを始めたら、階下から焼き肉のにおいが上がってきた……という場面をイメージすれば、同じフロア以外のテナントを確認することの重要性がわかるでしょう。

❷ 電気のアンペア数は十分か

　　契約電流を後から変えようとすると、**ブレーカーやケーブルの交換**などの工事が必要になります。物件の**オーナー**から許可を得られない場合もあります。また、工事が認められたとしても、**退去時**には元に戻すよう求められる可能性があります。

❸ 昼間だけでなく夜間も人が多いか

　　昼間は大勢の人であふれ返っていても、**夜はほとんど人通りがない**ようなエリアがあります。**オフィス街**にはそのようなところが珍しくありません。そうした場所で店などを開いてしまうと、昼間にしか売上を得られなくなるリスクがあります。

❹ 周辺道路に規制がないか

　　自動車を頻繁に利用する業種の場合は、**周辺道路**の**規制**をチェックしましょう。たとえば、商店街では夕方の買い物時間帯に**大型車両の通行が禁じられている**ことがあります。また、近隣に小学校などがあり通学路として利用されているエリアでは、**登校・下校時**に**交通制限**のために車を使いづらくなることがあります。

❺ トイレの数は1つでよいか

　　オフィスのトイレの個数は法律で決められています。労働安全衛生法では、**男性用トイレを男女別**にすることが定められており、**女性用トイレ**は女性従業員20人以内ごとに**1個以上**とすることが求められています。つまり、従業員に男女がそれぞれ1人以上いれば、**男性用トイレと女性用トイレ**が必要となるのです。

メモ　職場における労働者の安全と健康を確保するとともに、快適な職場環境を形成する目的で制定された法律に「労働安全衛生法」がある。

③ 事業に必要なモノを用意する

事業に必要なモノを洗い出し、新品での購入、中古での購入、レンタルやリースの利用を検討する。

まずは必要なモノを洗い出す

事業に必要なモノは、業種によって異なります。たとえば、製造業であれば機械と原材料を、飲食業であれば食器、調理機器などを用意しなければなりません。まずは、自分の事業に必要なモノをリストアップしましょう。

また、印鑑や名刺のように、どの業種でも共通して必要になるモノもあります。それらについても、忘れずに用意しておきましょう。右ページに主なものをまとめておきました。

中古での購入も検討する

モノを用意する方法としては、まず購入が考えられます。その場合、必ずしも新品である必要がないものについては、コストをおさえるために中古で購入することを検討してみましょう。

とはいえ、求めているモノが中古ショップなどですんなりと見つかるとは限りません。どうしても必要なものが予定している開業期日までに見つからない場合には、急いで新品を購入せざるを得な

くなります。したがって、中古の購入を選択するのであれば、お目当てのモノを探す作業にできるだけ早くから着手するのが適切です。

また、用意したモノの中に、高額な機器などが含まれている場合には、万が一盗難などにあったりしたときに備えて、保険に入っておくこともおすすめします。

レンタルやリースの利用も

モノの調達手段としては、購入だけでなくレンタルやリースも選択肢となりえます。

レンタルは単発でモノを借りることです。一方、リースは必要なモノをリース会社に購入してもらい、そのモノをリース料を支払って借りることです。

通常は、購入よりもレンタルやリースのほうが調達コストを下げられますが、借りる期間が長くなると、レンタル料やリース料がかさみ「買っていたほうが安かった」という結果になるかもしれません。レンタル、リースを利用する場合には、利用期間や料金を計算して、購入よりも得か否か慎重に見極めましょう。

用語 印鑑登録　市町村役場に自身の印鑑を登録し、それにより個人または法人を証明する制度。印鑑登録を行うと印鑑登録証明書が発行される。

必要なモノ・コトの例

■ 主なアイテム

名刺	安くあげたいのなら業者に頼まず、プリンタで自作することも可能
印鑑	実印、銀行印、角印を用意する
銀行口座	プライベートで使っている口座を利用してもよい
机、椅子	中古品で構わないのであれば、中古オフィス家具専門店で安価に入手できる
通信機器	電話、ファックスなど。電子メールの普及に伴い、ファックスは利用機会が減っているが、高齢者などを中心に根強く使われている
OA事務機器	パソコン、プリンタ、スキャナなど
事務用品	筆記具、ノートなど

■ 印鑑の種類

実印	市区町村で印鑑登録を行ったもの。役所における手続きや公正証書の作成などで利用する
銀行印	銀行口座の開設時に使うもの。悪用の危険性が高いので厳重な保管が求められる
角印	見積書、注文書、領収書の発行など、事業のさまざまな場面で一般的に使う

■ リースとレンタルの違い

リース	コピー機など高額な資産に向き、比較的長期に一定のリース料で借りる取引。メーカーの標準保守が含まれ、再リース時に格段に安くなる。中途解約する場合は残リース料を支払う
レンタル	短い期間（1日、1年未満など）に借りる取引。原則、中途解約が可能で、延長できる場合が多い。基本的にリース料より割高になる

メモ　一般的には角印は、法人が使用する認印。ただし、書類などの事務処理が多い人、屋号の知名度が高い場合は、個人事業主でも角印があると便利だろう。

④ 事業に必要な ヒトを用意する

従業員の雇用時には、従業員と労働契約を結ぶ。従業員を10名以上雇う場合には、就業規則を作成しなければならない。

従業員の主な雇用形態は？

従業員は、一度雇えば簡単にはやめさせられない（労働法で保護されている）こと、また、雇用に伴う各種契約、保険手続きなどの事務処理が多数あることを念頭に置いてください。

従業員の雇用形態には主として正社員、契約社員、パート・アルバイト、派遣社員があります。契約社員は雇用期間の定めがある社員で、パート・アルバイトは法律上、短時間労働者と呼ばれ、通常の労働者の1週間の所定労働時間に比べて短い労働者を指します。派遣社員は、人材派遣会社から派遣される労働者です。

雇用時には労働契約を結ぶ

また、従業員を雇用した場合には、労働契約を結ばなければなりません。

労働契約とは、雇われる側がお金をもらって働くことに、雇う側が働いてもらう代わりにお金を払うことに合意する契約です（雇用契約とほぼ同じです）。

労働基準法では労働契約締結時に労働条件を明示した書面（労働条件通

知書）を交付することを義務づけています（右ページ参照）。

ただし、「半年で退職したときは、ペナルティとして罰金20万円」「会社の備品を壊したら5万円」などと労働契約に違反した場合に違約金を支払わせる、といった内容は、契約に盛り込むことが禁じられています。

就業規則の作成が必要な場合も

従業員の給与からは毎月、所得税を源泉徴収しなければなりません。その手続きに関連して、税務署に提出すべき書類もあります。

また、従業員を10人以上雇う場合には就業規則も作成することが必要です。就業規則とは、従業員が働くうえでのルールなどを定めたものです。

ここが重要！

一定の条件を満たした場合には、従業員を社会保険、労働保険に加入させることが義務づけられています（70ページ参照）。

---

54 **用語** 退職手当 退職した労働者に対して支払われる金銭。「退職金」「退職慰労金」ともいう。賃金の後払い的な性格をもつ。

労働条件の明示

　労働契約を結ぶときには、労働者(従業員)に対して以下のような労働条件を明示することが必要となる。

(1) 労働契約の期間に関する事項

(2) 就業の場所及び従事すべき業務に関する事項

(3) 始業及び終業の時刻、所定労働時間を超える労働の有無、休憩時間、休日、休暇、並びに労働者を2組以上に分けて就業させる場合における就業時転換に関する事項

(4) 賃金の決定、計算及び支払いの方法、賃金の締切り及び支払いの時期に関する事項

(5) 退職に関する事項(解雇の事由を含む)

(6) 昇給に関する事項

> (1)～(6)は必ず明示しなければならない事項。

> (1)～(5)については、原則として書面を作り、労働者に渡す方法で明示しなければならない。

> パート・アルバイト(短時間労働者)に対しては(1)～(5)と「昇給の有無」「退職手当の有無」「賞与の有無」について、文書の交付などで明示しなければならない。

(7) 退職手当の定めが適用される労働者の範囲、退職手当の決定、計算及び支払いの方法並びに支払いの時期に関する事項

(8) 臨時の賃金、賞与及び最低賃金額に関する事項

(9) 労働者に負担させるべき食費、作業用品その他に関する事項

(10) 安全及び衛生に関する事項

(11) 職業訓練に関する事項

(12) 災害補償及び業務外の傷病扶助に関する事項

(13) 表彰及び制裁に関する事項

(14) 休職に関する事項

> (7)～(14)は制度を設ける場合に明示しなければならない事項。

アドバイス

(1)～(5)の明示は、労働者が希望した場合は、FAX、Eメールのほか、SNSを使ったメッセージなども許容される。

　また、これら以外の労働契約の内容についても、労働者とできる限り書面で確認することが求められている。

メモ 労働条件とは、労働者が使用者のもとで働く際に、労働者と使用者の間で取り決められた、賃金や労働時間などの就労に関する条件のこと。

⑤ 事業に必要な お金を調達する

借入れは、近親者以外では日本政策金融公庫の「独立開業者向け融資制度」、地方自治体の「融資制度」が選択肢となる。

定期預金や外貨預金も 要確認

　事業資金の調達方法の手段には、自己資金と借入れがあります。ここでは、事業資金を用意する場合のポイントや注意点を解説します。

　まず、自己資金の財源としては手元にある現金のほか、預貯金が考えられます。複数の銀行を利用している場合、見落としている口座もあるかもしれません。普通預金だけでなく、定期預金や外貨預金なども要確認です。

　また、現預金以外の資産も忘れずにチェックしましょう。株式などの有価証券はもちろん、不動産や貴金属類、高級外車など換金可能な財産があれば、それらを処分して必要な資金を工面することも可能です。リスクは高いですが、生命保険を解約して、解約返戻金を資金にあてるという手もあります。

制度融資の利用も 選択肢の1つ

　借入れに関しては、まず親や兄弟から借りる場合には、契約書を作成しておき、借りた事実を証明できるようにしておくことが重要です。契約書がない場合には、贈与とみなされ、贈与税を課されるリスクもあります。

　金融機関からの借入れに関しては、都銀、地銀、信用金庫などが事業者向けのローンを各種用意してはいますが、前述のように個人事業で利用することは難しいと考えておいたほうがよいでしょう。

　したがって、基本的には日本政策金融公庫（https://www.jfc.go.jp/）が提供している独立開業者向けの融資制度を利用することになります。右ページにあげたように、さまざまな融資プランが用意されているので、自分の事業に最もあったものが見つかるはずです。

　さらに、融資を得る手段としては、市区町村や都道府県など各地方自治体の用意している制度融資も選択肢となります。

　制度融資は、自治体が信用保証協会や金融機関と連携し運営している中小企業や個人事業者などを対象とした融資の仕組みであり、自治体ごとに中身が異なります。

用語　有価証券　株券、債券など財産権を表す証券で、権利を行使したり、他人に移転する際に、その証券が必要となるもの。

日本政策金融公庫の主な融資プラン

新規開業資金（ほとんどの業種が対象）

利用対象者	新たに事業を始める人、または事業開始後おおむね7年以内の人
融資限度額	7,200万円（うち運転資金は4,800万円）
返済期間	設備資金：20年以内（うち据置期間2年以内） 運転資金：7年以内（うち据置期間2年以内）

女性、若者／シニア起業家支援資金（女性または35歳未満か55歳以上の人）

利用対象者	女性または35歳未満か55歳以上で、新たに事業を始めるかまたは事業開始後おおむね7年以内の人
融資限度額	7,200万円（うち運転資金は4,800万円）
返済期間	設備資金：20年以内（うち据置間2年以内） 運転資金：7年以内（うち据置期間2年以内）

再挑戦支援資金［再チャレンジ支援融資］（廃業歴などのある人）

利用できる人	廃業歴のある人など一定の要件に該当する人であって、新たに事業を始める人または事業開始後おおむね7年以内の人
融資限度額	7,200万円（うち運転資金は4,800万円）
返済期間	設備資金：20年以内（うち据置期間2年以内） 運転資金：7年以内（うち据置期間2年以内）

新創業融資制度（無担保・無保証人を希望する人向け）

利用対象者	新たに事業を始める人または事業開始後で税務申告を2期終えていない人
融資限度額	3,000万円（うち運転資金1,500万円）
返済期間	各融資制度に定める返済期間以内

メモ　日本政策金融公庫では、上記のほかにもさまざまな融資制度が用意されている。事業の発展段階や必要に応じて利用を検討してみるといいだろう。

⑥ 事業に必要な資格や許認可を得る

開業前に「自分の事業で必要な資格や許認可はないか」をきちんとチェックしておこう。

資格や許認可が必要となることも

業種によっては、事業を行う前に特別な資格や許認可を取得しておくことが必要となります。必要な資格や許認可を得ないままでいると、営業停止処分など何らかのペナルティを課されるおそれがあります。

したがって、開業前に「自分の事業で必要な資格や許認可はないか」をきちんとチェックしておきましょう。

資格には3つのタイプがある

まず、資格については以下の3つのタイプがあります。

❶国家資格 法律に基づいて国が試験などを実施したうえで認定する資格。

❷公的資格 公益法人などが試験などを実施して、官庁や大臣によって認定される資格。

❸民間資格 民間団体などが試験などを実施して認定される資格。

このうち、特定の業種を行ううえで、資格の保持を要求されることが多いのは国家資格です。医師や弁護士、公認会計士、不動産鑑定士などはその代表例です。

なお、国家資格が新たに設けられ、その資格取得者が事業を続けるうえで必要となることもあります。ですので、開業後も「自分の事業にかかわる新たな資格を作る動きはないか」と注意を払っておくことが望ましいでしょう。

主な許認可には3種類ある

一方、許認可には主として「届出」「許可」「免許」があります。

届出は、所定の届出書などを提出すれば、書類に形式的な不備がない限りは認められます。また、許可は一定の審査がありますが、定められた基準を満たしてさえいれば通常はおります。免許は、特定の資格が求められます。

このように、取得の難易度は、「届出➡許可➡免許」と上がっていきます。

そのほか、個別の事業によっては、求められる要件や一定の基準があり、公の機関が「登録」「認定」「認証」するなどの制度があります。

用語 **不動産鑑定士** 不動産の経済的価値について、地理的状況や法規制、市場経済などさまざまな要因をふまえて鑑定評価を行い、鑑定評価額を決定する専門家。

主な職種と必要な許認可の例

区分	職　種	受付窓口
届出	理容店・美容院、クリーニング店	保健所
	農薬販売、飼料販売、自動車駐車場	都道府県庁
許可	飲食店、弁当・総菜販売店、菓子・パン製造、喫茶店、居酒屋、薬局、ホテル・旅館	保健所
	古書店、リサイクルショップ、中古車販売、質屋、キャバクラ、スナック、パチンコ、麻雀、ゲームセンター	警察署
	酒類販売	税務署
	建設業	都道府県庁
	個人タクシー事業	運輸局
	労働者派遣事業	労働局
	たばこ販売	日本たばこ産業
免許	不動産業	都道府県庁
登録	解体工事業	都道府県庁
認定	警備業	警察署
認証	自動車分解整備事業	地方運輸支局

個人事業で活用できる主な国家資格

医師、歯科医師、看護師、薬剤師、弁護士、公認会計士、税理士、社会保険労務士、建築士、不動産鑑定士、土地家屋調査士、宅地建物取引士、理容師、美容師、電気工事士、自動車整備士、衛生管理者、危険物取扱者、情報処理技術者、調理師、管理栄養士、介護福祉士

メモ　不動産には、不動産の表示に関する登記について必要な土地または家屋に関する調査と測量を行う「土地家屋調査士」といったスペシャリストもいる。

⑦ 事業開始の届出をする

事業を始めるにあたり、許認可を得るための文書のほか、税金にかかわる届出書を忘れてはならない。

開業時には税金絡みの届出が必要

事業を開始する際にはさまざまな書類を作成して届け出なければなりません。許認可を得るためには所定の文書の提出が必要となりますし、従業員を雇った場合には労働保険や社会保険関係の書類の作成が求められます。

とりわけ忘れてはならないのは、税金にかかわる届出書です。後述するように、個人事業では所得税をはじめとした税金の申告、納付などの手続きが必要になります。

税金関係の主な届出書・申請書は、❶個人事業の開業等届出書、❷事業開始等申告書、❸所得税の青色申告承認申請書、❹青色事業専従者給与に関する届出書です。

❶は事業を始めることを税務署に知らせる、❷は都道府県と市区町村に事業の開始を伝える、❸は所得税の申告で青色申告を選ぶ場合、❹は青色申告を選択するときに、従業員となっている家族や親族を「青色事業専従者」として承認してもらうために提出します。

届出には提出期限がある

❶から❹のほかにも提出が必要となる税金関係の届出があります(右ページ表参照)。

注意が必要なのは、どの届出にも提出期限があることです。定められた期限に遅れると何らかのペナルティが課されたり、あるいは本来受けられるはずの特典を受けられなくなるなど不利益を被(こうむ)るおそれがあります。しっかりと期限を守るために、早めの準備を心がけるようにしましょう。

アドバイス!

税務署に届け出る文書の中には、e-Tax を利用して行えるものもあります。

e-Tax とは、国税に関する各種の手続きを、インターネットなどを利用して電子的に行うことを可能にしたシステムです。これを利用することにより書類の作成と提出の手間・時間を大きく削減することができます(154 ページ参照)。

用語 **届出** 行政庁に対して一定の事項の通知を行うこと。諾否の応答が予定されている「審査」と異なり、通知を行うことで手続きは完結する。

事業開始時に届け出るもの

届出の名称	届出先	提出期限
❶個人事業の開業等届出書 p.62	税務署	開業の日から1か月以内
❷事業開始等申告書 p.63	都道府県税事務所（市町村役場）	開業後すみやかに（各都道府県などで日にちが定められている）
❸所得税の青色申告承認申請書（青色申告を希望する場合） p.64	税務署	開業の日から2か月以内（開業の日が1月1日から1月15日までの場合は3月15日まで）
❹青色事業専従者給与に関する届出書（青色専従者給与を支払う場合） p.65	税務署	開業の日から2か月以内（開業の日が1月1日から1月15日までの場合は3月15日まで）
❺給与支払事務所等の開設届出書（従業員を雇う場合） p.66	税務署	事務所などを開設した日から1か月以内
❻源泉所得税の納期の特例の承認に関する申請書（従業員を雇う場合） p.67	税務署	随時（常時雇用する人数が10人未満の事業者に限る）
❼所得税の棚卸資産の評価方法の届出書 p.68	税務署	確定申告書の提出期限まで（届出がない場合は、最終仕入原価法となる）
❽所得税の減価償却資産の償却方法の届出書 p.69	税務署	確定申告書の提出期限まで（届出がない場合は、定額法となる）

※提出期限が土、日、祝日にあたる場合は、翌営業日。各都道府県税事務所、各市町村役場によって、届出の名称や手続きは若干異なる可能性がある。

メモ 税務署に提出が求められる申請・届出などの書式は、どれも国税庁のサイトからダウンロードすることが可能。

サンプル❶個人事業の開業・廃業等届出書

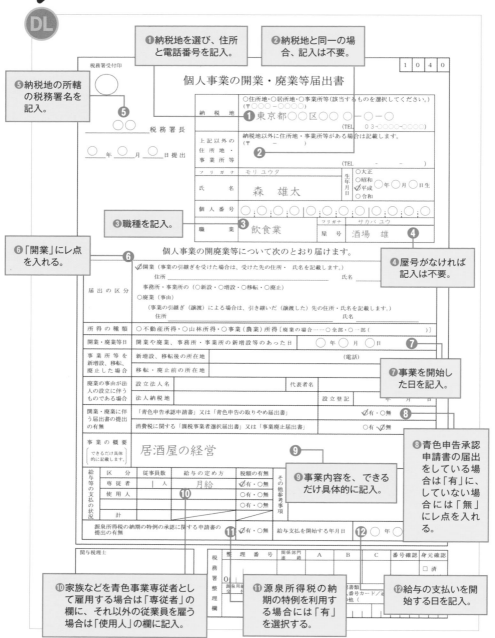

❶納税地を選び、住所と電話番号を記入。

❷納税地と同一の場合、記入は不要。

❺納税地の所轄の税務署名を記入。

❸職種を記入。

❻「開業」にレ点を入れる。

❹屋号がなければ記入は不要。

❼事業を開始した日を記入。

❽青色申告承認申請書の届出をしている場合は「有」に、していない場合には「無」にレ点を入れる。

❾事業内容を、できるだけ具体的に記入。

❿家族などを青色事業専従者として雇用する場合は「専従者」の欄に、それ以外の従業員を雇う場合は「使用人」の欄に記入。

⓫源泉所得税の納期の特例を利用する場合には「有」を選択する。

⓬給与の支払いを開始する日を記入。

個人事業の開業・廃業等届出書

| | 1 | 0 | 4 | 0 |

納税地　○住所地・○居所地・○事業所等（該当するものを選択してください。）
（〒○○○−○○○○）
❶ 東京都○○区○○○○−○−○
（TEL　03−○○○○−○○○○）

上記以外の住所地・事業所等　納税地以外に住所地・事業所等がある場合は記載します。
（〒　−　）
❷
（TEL　−　）

フリガナ　モリ　ユウタ
氏名　森　雄太
生年月日　○大正・○昭和・✓平成・○令和　○年○月○日生

個人番号　○○○○○○○○○○○○

職業　飲食業　フリガナ　サカバ ユウ　屋号　酒場 雄　**❹**

個人事業の開廃業等について次のとおり届けます。

届出の区分
❻ ✓開業（事業の引継ぎを受けた場合は、受けた先の住所・氏名を記載します。）
　住所　　　　　　　　　　氏名
　事務所・事業所の（○新設・○増設・○移転・○廃止）
○廃業（事由）
　（事業の引継ぎ（譲渡）による場合は、引き継いだ（譲渡した）先の住所・氏名を記載します。）
　住所　　　　　　　　　　氏名

所得の種類　○不動産所得・○山林所得・○事業（農業）所得〔廃業の場合……○全部・○一部（　　　）〕

開業・廃業等日　開業や廃業、事務所・事業所の新増設等のあった日　○年○月○日　**❼**

事業所等を新増設、移転、廃止した場合　新増設、移転後の所在地　（電話）
移転・廃止前の所在地

廃業の事由が法人の設立に伴うものである場合　設立法人名　　代表者名
法人納税地　　　　設立登記　　年　月　日

開業・廃業に伴う届出書の提出の有無
「青色申告承認申請書」又は「青色申告の取りやめ届出書」　✓有・○無　**❽**
消費税に関する「課税事業者選択届出書」又は「事業廃止届出書」　○有・✓無

事業の概要（できるだけ具体的に記載します。）　居酒屋の経営　**❾**

給与等の支払いの状況

区分	従業員数	給与の定め方	税額の有無	
専従者	1人	月給	✓有・○無	その他参考事項
使用人		**❿**	○有・○無	
計			○有・○無	

源泉所得税の納期の特例の承認に関する申請書の提出の有無　⓫ ✓有・○無　給与支払を開始する年月日　⓬ ○年○月○日

関与税理士

税務署整理欄　整理番号　　関係部門連絡　A　B　C　番号確認　身元確認
□済
源泉用紙　0　　　確認書類　個人番号カード/通知…

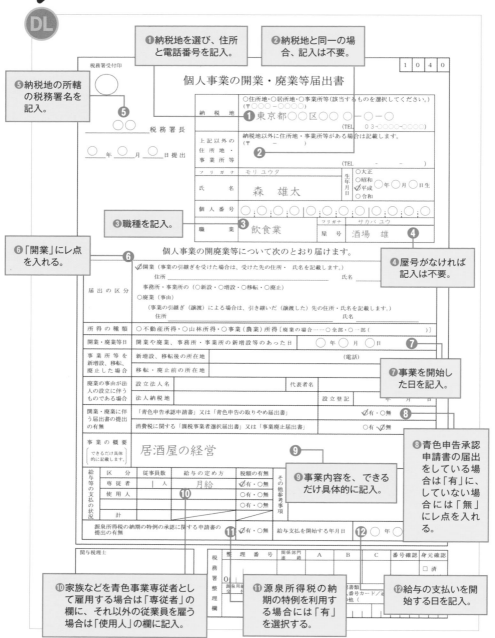

62

DL

第32号様式(甲)（条例第26条関係）

❶「新（変更後）」の欄に記入。

事業開始等申告書（個人事業税）

受付印

❷事業の名称・屋号を記入。

❸事業の種類を具体的に記入。

		❶ 新（変更後）	旧（変更前）
事務所（事業所）	所　在　地	東京都○○区○○ 　　　　○-○-○ 電話　03（○○○○）○○○○	 電話　　（　　　）
	名称・屋号	❷ 酒場　雄	
	事業の種類	居酒屋　❸	

事業主住所が事務所（事業所）所在地と同じ場合は、下欄に「同上」と記載する。
なお、異なる場合で、事務所（事業所）所在地を所得税の納税地とする旨の書類を税務署長に提出する場合は、事務所（事業所）所在地欄に○印を付する。

事業主	住　　　所	同　上 電話　　（　　　）	 電話　（
	フリガナ	モリ ユウタ	
	氏　　　名	森　雄太	❺

❺「開始」に○をつける。

開始・廃止・変更等の年月日	❹ ○年 ○月 ○日	事由等	⸨開始⸩廃止・※法人設立その他（　　　　　）
※法人設立	所　在　地		法人名称	
	法人設立年月日	年　　月　　日（既設・予定）	電話番号	

東京都都税条例第26条の規定に基づき、上記のとおり申告します。

❹事業を開始した日を記入。

　　　　　　　　　　○ 年　○ 月　○ 日

氏名　　　　森　雄太

都税事務所長
支　庁　長　殿

（日本産業規格A列4番）

備考　この様式は、個人の事業税の納税義務者が条例第26条に規定する申告をする場合に用いること。

都・個

63

サンプル❸所得税の青色申告承認申請書

DL

❶納税地、所轄税務署、提出日、住所、氏名、職業、屋号などを記入。

						1 0 9 0

所得税の青色申告承認申請書

税務署受付印

◯◯ 税務署長

◯ 年 ◯ 月 ◯ 日 提出

納 税 地	○住所地・○居所地・○事業所等（該当するものを選択してください。） (〒○○○-○○○○) 東京都○○区○○ ○-○-○ (TEL 03-○○○○-○○○○)
上記以外の 住 所 地 ・ 事 業 所 等	納税地以外に住所地・事業所等がある場合は記載します。 (〒 -) (TEL - -)

フ リ ガ ナ	モリ ユウタ		生年月日	○大正 ○昭和 ○年○月○日生 ✓平成 ○令和
氏 名	森 雄太			
職 業	飲食業	フリガナ	サカバ ユウ	
		屋 号	酒場 雄	

令和___年分以後の所得税の申告は、青色申告書によりたいので申請します。

1 事業所又は所得の基因となる資産の名称及びその所在地（事業所又は資産の異なるごとに記載します。）

名称 <u>酒場 雄</u> 所在地 <u>東京都○○区○○ ○-○-○</u>

名称_____ 所在地_____

2 所得の種類（該当する事項を選択してください。）

❷ ✓事業所得 ・○不動産所得 ・○山林所得

3 いままでに青色申告承認の取消しを受けたこと又は取りやめをしたことの有無

(1) ○有（○取消し・○取りやめ）___年___月___日 (2) ✓無 ❸

4 本年1月16日以後新たに業務を開始した場合、その開始した年月日 ○年○月○日 ❹

5 相続による事業承継の有無

(1) ○有 相続開始年月日 ___年___月___日 被相続人の氏名_____ (2) ○無

6 その他参考事項

(1) 簿記方式（青色申告のための簿記の方法のうち、該当するものを選択してください。）

❺ ✓複式簿記・○簡易簿記・○その他（　　　　　　　　）

(2) 備付帳簿名（青色申告のため備付ける帳簿名を選択してください。）

✓現金出納帳・✓売掛帳・✓買掛帳・✓経費帳・✓固定資産台帳・✓預金出納帳・○手形記入帳
○債権債務記入帳・✓総勘定元帳・✓仕訳帳・○入金伝票・○出金伝票・○振替伝票・○現金式簡易帳簿・○その他

(3) その他

関与税理士 (TEL - -)	税務署整理欄	整 理 番 号		関係部門連絡	A	B
		0				
		通 信 日 付 印 の 年 月 日	確 認			
		年 月 日				

❷「事業所得」を選択。

❸初めて青色申告の承認を申請する場合、「無」を選択。

❺帳簿の簿記方式を選択。

❹事業を開始した日を記入。

❻備えつける帳簿の種類を選択。

64

サンプル❹青色事業専従者給与に関する届出書

DL

❶「届出」にレ点を入れる。

2 章

事業の準備からスタートまで

税務署受付印

青色事業専従者給与に関する ❶ ●届　　出　書 / ○変更届出
　　　　　　　　　　　　　　　　　　　　　　　　　　　　　　　1 1 2 0

❷ 納税地	❷住所地・居所地・事業所等（該当するものを選択してください。） （〒 ○○○-○○○○ ） 東京都○○区○○ ○-○-○ （TEL 03 -○○○○-○○○○）
上記以外の 住所地・ 事業所等	納税地以外に住所地・事業所等がある場合は記載します。 （〒　　 -　　　 ） （TEL　　 -　　　 -　　　 ）

フリガナ	モリ ユウタ		生年月日	○大正 ○昭和 ○平成 ○令和　年　月　日生
氏　名	森 雄太			
職　業	飲食業	フリガナ	サカバ ユウ	
		屋号	酒場 雄	

○○　税務署長

○ 年 ○ 月 ○ 日提出

❷所轄税務署、提出日、納税地、住所、氏名、職業、屋号などを記入。

○ 年 ○ 月以後の青色事業専従者給与の支給に関しては次のとおり　❸ ●定　め　た / ○変更することとした
ので届けます。

❸「定めた」を選択する。

1　青色事業専従者給与（裏面の書き方をお読みください。）

	専従者の氏名	続柄	年齢 経験 年数	仕事の内容・ 従事の程度	資格等	給　料 支給期 / 金額（月額）		賞　与 支給期 / 支給の基準（金額）		昇給の基準
1	森 董	妹	21歳 1 年	接客・会計 1日8時間・週5日	特に なし	毎月 25日	200,000 円	12月	1 か月	毎年おおむね 3,000円
2	❹									
3										

❹青色事業専従者の氏名、続柄、仕事の内容・資格など、労働時間、給料の額などを記入。

2　その他参考事項（他の職業の併有等）　3　変更理由（変更届出書を提出する場合、その理由を具体的に記載します。）

4　使用人の給与（この欄は、この届出（変更）書の提出日の現況で記載します。）

	使用人の氏名	性別	年齢 経験 年数	仕事の内容・ 従事の程度	資格等	給　料 支給期 / 金額（月額）		賞　与 支給期 / 支給の基準（金額）		昇給の基準
1	❺		歳 年				円			
2										
3										
4										

❺青色事業専従者ではない従業員の氏名、性別、仕事の内容、資格、労働時間、給料の額などを記入。

※ 別に給与規程を定めているときは、その写しを添付してください。

関与税理士	税 務	整理番号		関係部門 連絡	A	B	C	

65

DL

❶○で囲む。

❷提出日、納税地の所轄の税務署名を記入。

❸住所、氏名などの基本事項を記入。

❹事務所の開設年月日を記入。

❺給与支払いを開始する年月日を記入。

❻レ点を入れる。

❼従業員がいる場合は人数を記入。

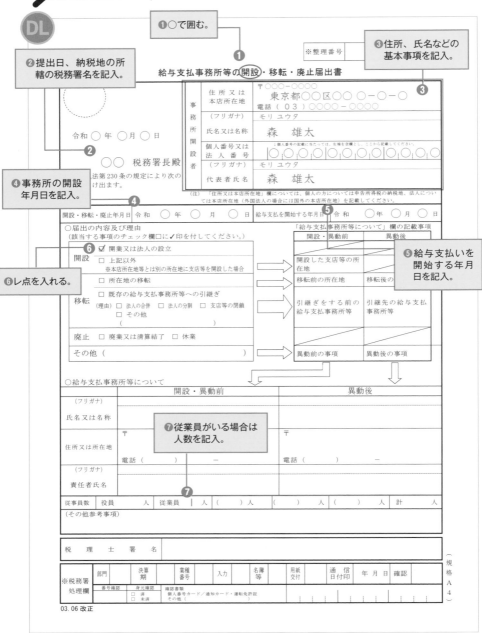

※整理番号

給与支払事務所等の（開設・移転・廃止届出書

令和 ○ 年 ○ 月 ○ 日

○○ 税務署長殿

法第230条の規定により次の
〜け出ます。

事務所開設者	住所又は本店所在地	〒○○○−○○○○ 東京都○○区○○ ○−○−○ 電話（０３）○○○○−○○○○
	（フリガナ）	モリ ユウタ
	氏名又は名称	森　雄太
	個人番号又は法人番号	○○○○○○○○○○○○
	（フリガナ）	モリ ユウタ
	代表者氏名	森　雄太

(注)　「住所又は本店所在地」欄については、個人の方については申告所得税の納税地、法人について
　　　は本店所在地（外国法人の場合には国外の本店所在地）を記載してください。

開設・移転・廃止年月日 令和 ○ 年 ○ 月 ○ 日　給与支払を開始する年月日 令和 ○ 年 ○ 月 ○ 日

○届出の内容及び理由
（該当する事項のチェック欄に✓印を付してください。）

届出の内容及び理由	「給与支払事務所等について」欄の記載事項 開設・異動前	異動後
開設　☑ 開業又は法人の設立 　　　□ 上記以外 　　　※本店所在地等とは別の所在地に支店等を開設した場合	開設した支店等の所在地	
□ 所在地の移転	移転前の所在地	移転後の所在地
移転　□ 既存の給与支払事務所等への引継ぎ （理由）□ 法人の合併　□ 法人の分割　□ 支店等の閉鎖 　　　　□ その他（　　　　　　　　　　）	引継ぎをする前の給与支払事務所等	引継先の給与支払事務所等
廃止　□ 廃業又は清算結了　□ 休業		
その他（　　　　　　　　　　　）	異動前の事項	異動後の事項

○給与支払事務所等について

	開設・異動前	異動後
（フリガナ） 氏名又は名称		
住所又は所在地	〒 電話（　　　）　　−	〒 電話（　　　）　　−
（フリガナ） 責任者氏名		
従事員数　役員　　人　従業員　人（　）人	（　　　）人　（　　　）人　計　　人	
（その他参考事項）		

税　理　士　署　名	

※税務署処理欄	部門	決算期	業種番号	入力	名簿等	用紙交付	通信日付印	年 月 日	確認
	番号確認　身元確認 □ 済 □ 未済	確認書類 個人番号カード／通知カード・運転免許証 その他（　　　　　　　）							

（規格A4）

03. 06 改正

DL

源泉所得税の納期の特例の承認に関する申請書

※整理番号

❷住所、氏名などの
基本事項を記入。

❶提出日、納税地の所
轄の税務署名を記入。

2章

事業の準備からスタートまで

住 所 又 は 本 店 の 所 在 地	〒○○○-○○○○ 東京都○○区○○ ○-○-○ 電話 03 -○○○○ -○○○○
（フリガナ）	モリ ユウタ
氏 名 又 は 名 称	森 雄太
法 人 番 号	※個人の方は個人番号の記載は不要です。
（フリガナ）	モリ ユウタ
代 表 者 氏 名	森 雄太

令和 ○年 ○月 ○日

○○ 税務署長殿

次の給与支払事務所等につき、所得税法第 216 条の規定による源泉所得税の納期の特例についての承認を申請します。

給 与 支 払 事 務 所 等 に 関 す る 事 項	給与支払事務所等の所在地 ※ 申請者の住所（居所）又は本店（主たる事務所）の所在地と給与支払事務所等の所在地とが異なる場合に記載してください。	〒 ❸ 電話 － －		
	申請の日前 6 か月間の各月末の給与の支払を受ける者の人員及び各月の支給金額〔外書は、臨時雇用者に係るもの〕	月 区 分	支 給 人 員	支 給 額
		○年 ○月 ❹	外	外
			1 人	120,000 円
		年 月	外	外
		年 月	外	外
		年 月	外	外
		年 月	外	外
		年 月	外 人	外 円
	1 現に国税の滞納があり又は最近において著しい納付遅延の事実がある場合で、それがやむを得ない理由によるものであるときは、その理由の詳細 2 申請の日前 1 年以内に納期の特例の承認を取り消されたことがある場合には、その年月日			

❸申請者の住所（居所）または本店（主たる事務所）の所在地と給与支払事務所等の所在地とが異なる場合には記載が不要。

❹申請の日前 6 か月間の各月末の人員と各月の給与の支給金額とを記入。臨時に雇い入れた人がいるときは、その人数を「支給人員」欄に、その支給金額を「支給額」欄にそれぞれ外書きする。

税 理 士 署 名	

※税務署 処理欄	部門	決 算 期	業種 番号	番号	入力	名簿	通 信 日付印	年 月 日	確認

03. 06 改正

サンプル❼所得税の棚卸資産の評価方法の届出書

DL

税務署受付印

❶印をつける。

所得税の ◉棚卸資産の評価方法 の届出書
　　　　 ○減価償却資産の償却方法

| | | 1 | 1 | 6 | 0 |

○○　税務署長

○ 年 ○ 月 ○ 日提出

❷所轄税務署、提出日、納税地、住所、氏名、職業、屋号などを記入。

❷ 納税地　◉住所地・○居所地・○事業所等（該当するものを選択してください。）
（〒 ○○○-○○○○）
東京都○○区○○ ○-○-○
（TEL　03 -○○○○-○○○○）

上記以外の住所地・事業所等　納税地以外に住所地・事業所等がある場合は記載します。
（〒　　-　　）
（TEL　　-　　-　　）

| フリガナ | モリ ユウタ | 生年月日 | ○大正 ○昭和 ○平成 ○令和　年　月　日生 |
| 氏　名 | 森　雄太 | | |

| 職　業 | 飲食業 | フリガナ | サカバ ユウ |
| | | 屋　号 | 酒場 雄 |

❸
◉棚卸資産の評価方法 については、次によることとしたので届けます。
○減価償却資産の償却方法

1　棚卸資産の評価方法

事 業 の 種 類	棚卸資産の区分	評 価 方 法
飲食業	原材料	最終仕入原価法
❹	**❺**	**❻**

❸印をつける。

2　減価償却資産の償却方法

	減価償却資産の種類 設 備 の 種 類	構造又は用途、細目	償 却 方 法
(1)			
(2)			

❹その評価の方法を採用する事業の種類を記載する。

❺その評価の方法を採用する棚卸資産の区分を記載する。

❻評価方法を記載する。

3　その他参考事項

(1)　上記2で「減価償却資産の種類・設備の種類」欄が「建物」の場合
建物の取得年月日　○___年___月___日

(2)　その他

関与税理士		税務署整理欄	整 理 番 号	関係部門連絡	A	B	C
			0				
(TEL　　-　　-　　)			通信日付印の年月日	確認			
			年　月　日				

68

DL

❶印をつける。

1 1 6 0

税務署受付印

所得税の ○ 棚 卸 資 産 の 評 価 方 法
　　　　　 ◉ 減価償却資産の償却方法 　の届出書

❶

❷
納　税　地　◉住所地・◉居所地・◉事業所等(該当するものを選択してください。)
(〒 ○○○-○○○○)
東京都○○区○○ ○-○-○
(TEL　03-○○○○-○○○○)

上記以外の
住 所 地・
事 業 所 等　納税地以外に住所地・事業所等がある場合は記載します。
(〒 －)
(TEL　－　－　)

○○ 税 務 署 長

○ 年 ○ 月 ○ 日提出

❷所轄税務署、提出日、
　納税地、住所、氏名、
　職業、屋号などを記入。

フリガナ　モリ ユウタ
氏　　名　森　雄太

生年月日
◉大正
◉昭和
◉平成
◉令和
　年　月　日生

職　　業　飲食業
フリガナ　サカバ ユウ
屋　号　酒場 雄

○ 棚 卸 資 産 の 評 価 方 法
◉ 減価償却資産の償却方法　について は、次によることとしたので届けます。
❸

1　棚卸資産の評価方法

事 業 の 種 類	棚 卸 資 産 の 区 分	評 価 方 法

❸印をつける。

2　減価償却資産の償却方法

	減価償却資産の種類 設 備 の 種 類	構造又は用途、細目	償 却 方 法
(1) 平成 19 年 3 月 31 日 以前に取得した減価 償却資産			
(2) 平成 19 年 4 月 1 日 以後に取得した減価 償却資産	車両運搬具 器具備品	普通自動車 テーブル・椅子	定率法 定率法
	❹	❺	❻

3　その他参考事項

(1)　上記2で「減価償却資産の種類・設備の種類」欄が「建物」の場合

❹その選定する償却の
　方法を採用する資産
　の種類または設備の
　種類を記載する。

月

❺その選定する償却の
　方法を採用する資産
　の構造または用途、
　細目を記載する。

❻償却方法を
　記載する。

(2)

関与税理
士

(TEL　－　－　)

税
務
署
整
理
欄

0

通 信 日 付 印 の 年 月 日　確　認
年　月　日

B　C

69

⑧ 労働保険・社会保険関係の書類を提出する

従業員を1人でも雇う場合は労災保険に、常時5人以上雇う場合は健康保険と厚生年金保険に加入する義務がある。

保険加入が必要な場合を把握しておく

従業員を雇うときには労働保険、社会保険に加入させることが必要になる場合があります。その際、所定の文書を提出することが義務づけられています。そこで、どのような場合に、どの保険に加入させなければならないのかをしっかりと把握しておきましょう。

健康保険と厚生年金保険への加入

まず、従業員を常時5人以上雇う場合には、原則として健康保険と厚生年金保険への加入が義務づけられています（旅館、飲食店、理容店などのサービス業は除く）。

健康保険 従業員やその家族が、業務外の原因でケガや病気になった場合などに、必要な医療給付などが行われるものです。

厚生年金保険 従業員が一定の年齢に達したり、ケガや病気で働けなくなったりしたような場合などに、年金などが給付されるものです。

なお、個人事業主本人とその家族は被保険者になれません（国民健康保険と国民年金に加入することになる）。

雇用保険と労災保険への加入

また、雇用している従業員が、①1週間の所定労働時間が20時間以上、②31日以上の雇用見込みがあるという2つの条件を満たしている場合には、原則として雇用保険に加入させなければなりません（季節的に一定期間のみ雇用した場合などの例外はある）。

雇用保険 従業員が失業したときに、その生活の安定、再就職の支援を目的として一定の金銭が給付されるものです。

それから、従業員を1人でも雇っている場合には、労災保険への加入が必要となります。

労災保険 従業員が仕事中や通勤途中など業務が原因で事故や災害にあい、ケガや病気、死亡などした場合に、療養補償など各種の給付が行われるものです。

いずれも、パート・アルバイトでも加入が必要になるので要注意です。

用語 所定労働時間　就業規則などで定められた労働時間。労働基準法で定められた法定労働時間の範囲内で設定しなければならない。

労務・社会保険関係の書類

保険の種類	届出先	書類の種類	提出期限
健康保険	年金事務所	新規適用届、被保険者資格取得届、被扶養者（異動）届、国民年金第3号被保険者関係届	適用事業者となった場合にすみやかに
厚生年金保険	年金事務所	新規適用届、被保険者資格取得届、被扶養者（異動）届、国民年金第3号被保険者関係届	適用事業者となった場合にすみやかに
労災保険	労働基準監督署・都道府県労働局	❶労働保険関係成立届 p.72 、❷労働保険概算・増加概算・確定保険料申告書 p.73	❶は保険関係成立後10日以内、❷保険関係成立日後50日以内
雇用保険	公共職業安定所	❸雇用保険適用事業所設置届 p.74 、❹雇用保険被保険者資格取得届 p.75	❸は設置日後10日以内、❹は雇用した翌月の10日まで

※労災保険については、労働基準監督署に「適用事業報告書」を事業所設置後すみやかに提出する。

2章 事業の準備からスタートまで

パートやアルバイトの人でも、条件を満たしていれば加入しなければいけないんだ…

そう。でも、わたしたちは従業員じゃないから加入できないよ。国民健康保険と国民年金に加入するの！

メモ 労働基準監督署は、事業所が労働基準法等の労働関連法を守って運用されているかを監督する厚生労働省の出先機関で、「労基署」と略称される。

サンプル❶労働保険関係成立届

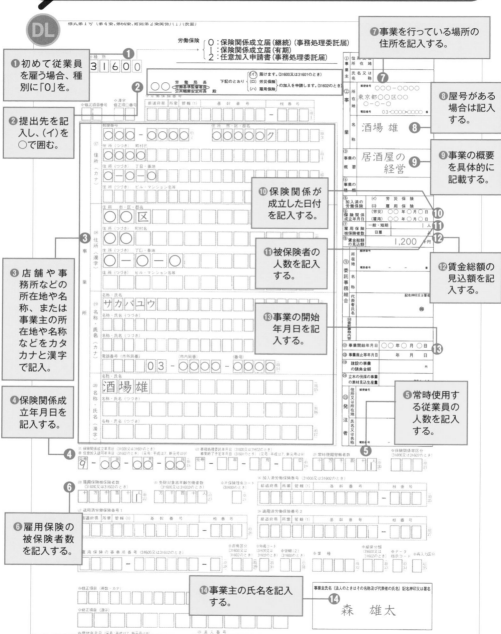

様式第1号（第4条、第64条、附則第2条関係）（表面）

労働保険
- 0：保険関係成立届（継続）（事務処理委託届）
- 1：保険関係成立届（有期）
- 2：任意加入申請書（事務処理委託届）

❶ 初めて従業員を雇う場合、種別に「0」を。

種別 ❶
3 1 6 0 0

❷ 提出先を記入し、（イ）を○で囲む。

❷ 労働局長
労働基準監督署長
公共職業安定所長 殿

下記のとおり
（イ）届けます。（31600又は31601のとき）
（ロ）労災保険
（ハ）雇用保険 の加入を申請します。（31602のとき）

❸ 店舗や事務所などの所在地や名称、または事業主の所在地や名称などをカタカナと漢字で記入。

❸ 事業所

郵便番号 ○○○-○○○○ 住所 市・区・郡名 ○○○○○○7

住所（つづき）町村名

住所（つづき）丁目・番地 ○-○-○

住所（つづき）ビル・マンション名等

住所 市・区・郡名 ○○ 区

住所（つづき）町村名

住所（つづき）丁目・番地 ○-○-○

住所（つづき）ビル・マンション名等

名称・氏名 サカバユウ

名称・氏名（つづき）

名称・氏名（カナ）

電話番号（市外局番）03-（市内局番）○○○○-（番号）○○○○

名称・氏名 酒場雄

名称・氏名（つづき）

名称・氏名（漢字）

❹ 保険関係成立年月日を記入する。

❹ ① 保険関係成立年月日（31600又は31601のとき）
9-○○-○○-○○

❼ 事業を行っている場所の住所を記入する。

❼ 住所又は所在地

郵便番号 ○○○-○○○○
東京都○○区○
○-○-○
電話番号 03-○○○○-○○○○

❽ 屋号がある場合は記入する。

❽ 事業主氏名又は名称
酒場雄

❾ 事業の概要を具体的に記載する。

❾ 事業の概要
居酒屋の経営

❿ 保険関係が成立した日付を記入する。

⓫ 被保険者の人数を記入する。

⓵ 加入済の労働保険
（イ）労災保険 （労災）○○年○月○日
（ロ）雇用保険 （雇用）○○年○月○日 ❿

⓵ 雇用保険被保険者数 一般・短期 1人 日雇 ❶

⓬ 賃金総額の見込額を記入する。

所得見込額の見込額 1,200 千円 ⓬

⓭ 事業の開始年月日を記入する。

⓹ 所在地
⓹ 委託事務組合
名称
代表者氏名

⓸ 事業開始年月日 ○○年○月○日 ⓭
⓺ 事業廃止等年月日 年月日
建設の事業の請負金額 円
立木の伐採の事業の素材見込生産量

❺ 常時使用する従業員の人数を記入する。

② 任意加入申請年月日（31600又は31601のとき）
③ 事業処理委託年月日（31601又は31602のとき）
事業終了予定年月日（元号 平成は7、新元号は9）

⓸ 常時使用労働者数 ❺

⑤労働保険番号（31600又は31601のとき）
郵便番号 府県 所掌 管轄（1） 基幹番号 枝番号

❻ 雇用保険の被保険者数を記入する。

❻ ②雇用保険被保険者数（31600又は31602のとき）
千百十万千百十一人

②先対対象年齢労働者数（31600又は31602のとき）
千百十万千百十一人

②労保険事業コード（31600又は31602のとき）

②加入済労働保険番号（31600又は31602のとき）
郵便番号 府県 所掌 管轄（1） 基幹番号 枝番号 -

②適用済労働保険番号1
府県 所掌 管轄（1） 基幹番号 枝番号 -

②適用済労働保険番号2
府県 所掌 管轄（1） 基幹番号 枝番号 -

雇用保険の事業所番号（31600又は31602のとき）
-

⑨自他区分（31600又は31602のとき）
⑩特殊コード（31600又は31602のとき）
会登録（2）（31600のとき）
事業種
⑪提要区分（31600又は31602のとき）
データ修正コード 中再入力区分

⓮ 事業主の氏名を記入する。

事業主氏名（法人のときはその名称及び代表者の氏名）記名押印又は署名
⓮
森　雄太

会修正項目（英数・カナ）

会修正項目（漢字）

会受付年月日（元号 平成は7、新元号は9）

法人番号

72

サンプル❷労働保険概算・増加概算・確定保険料申告書

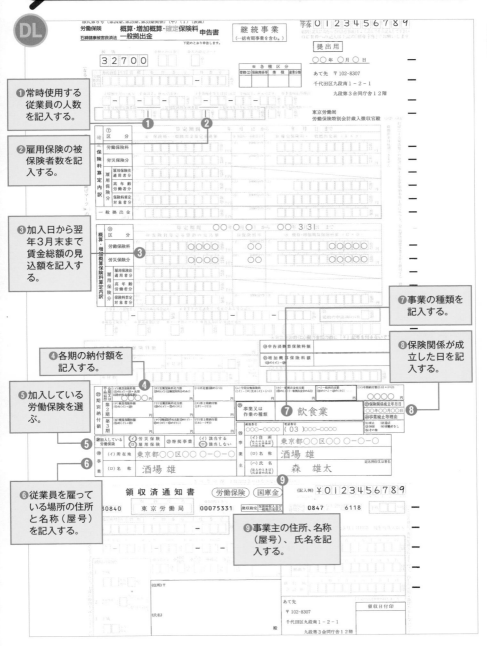

❶常時使用する従業員の人数を記入する。

❷雇用保険の被保険者数を記入する。

❸加入日から翌年3月末まで賃金総額の見込額を記入する。

❹各期の納付額を記入する。

❺加入している労働保険を選ぶ。

❻従業員を雇っている場所の住所と名称(屋号)を記入する。

❼事業の種類を記入する。

❽保険関係が成立した日を記入する。

❾事業主の住所、名称(屋号)、氏名を記入する。

サンプル❸雇用保険適用事業所設置届

雇用保険適用事業所設置届

（必ず第2面の注意事項を読んでから記載してください。）

※ 事業所番号

下記のとおり届けます。

公共職業安定所長　殿

令和 ○○ 年 ○○ 月 ○○ 日

帳票種別 `1 2 0 0 1`

1. 法人番号（個人事業の場合は記入不要です。）

❶屋号があれば記入する。

2. 事業所の名称（カタカナ）

`サ カ バ ユ ウ` ❶

事業所の名称〔続き（カタカナ）〕

3. 事業所の名称（漢字）

`酒 場 雄`

事業所の名称〔続き（漢字）〕

❷住所、電話番号を記入する。

❷ 4. 郵便番号

`○ ○ ○ － ○ ○ ○ ○`

5. 事業所の所在地（漢字）※市・区・郡及び町村名

`東 京 都 ○ ○ 区`

事業所の所在地（漢字）※丁目・番地

`○ 丁 目 ○ 番 地`

事業所の所在地（漢字）※ビル、マンション名等

6. 事業所の電話番号（項目ごとにそれぞれ左詰めで記入してください。）

`○ ○ ○ － ○ ○ ○ － ○ ○ ○ ○`

市外局番　　　市内局番　　　番号

❹労働保険番号を記入する。

❾常時使用している従業員の人数を記入する。

7. 設置年月日

❸ `5 － ○ ○ ○ ○ ○ ○` （3 昭和 4 平成　5 令和）
元号　　年　　月　　日

❹ 8. 労働保険番号
府県 所掌 管轄 基幹番号 枝番号

❸事業所を設置した年月日を記入する。

9. 設置区分 `□` （1 当然　2 任意）
10. ❺ `□`

❺事業主の住所を記入する。

12. 台帳保存区分 `□` （1 日雇被保険者のみの事業所　2 船舶所有者）

❿雇用保険の被保険者数を記入する。

13.事業主	（フリガナ）住所（法人のときはまたる事務所の所在地）	トウキョウト○○○○ク○○○○ ○－○－○ 東京都○○区○○ ○－○－○	17.常時使用労働者数 ❾			1人
	（フリガナ）名称	❻氏名を記入する。	18.雇用保険被保険者数	❿ 一般		1人
				日雇		0人
	（フリガナ）氏名（法人のときは代表者の氏名） モリ ユウタ 森　雄太		19.賃金支払関係 ❶	賃金締切日		25日
				賃金支払日	当・翌月	30日
14.事業の概要（漁業の場合は漁船の総トン数を記入すること）		居酒屋の経営	20.雇用保険担当課名 ⓬		○○ 課 ○○ 係	

❻氏名を記入する。

❼事業の概要を記入する。

⓫賃金の締切日を記入し、支払日を選ぶ。

⓬雇用保険の担当課名を記入する。

15.事業の開始年月日	令和○○年○○月○○日	※事業の16.廃止年月日	令和　年　月　日	21.社会保険加入状況	健康保険 厚生年金保険 労災保険	⓭
備考 ❽		※所長				

❽事業の開始年月日を記入する。

⓭他に加入している社会保険を○で囲む。

（この届出は、　　　　　　　　　　　内に提出してくださ

（この用紙は、このまま機械で処理しますので、汚さないようにしてください。）

74

サンプル❹雇用保険被保険者資格取得届

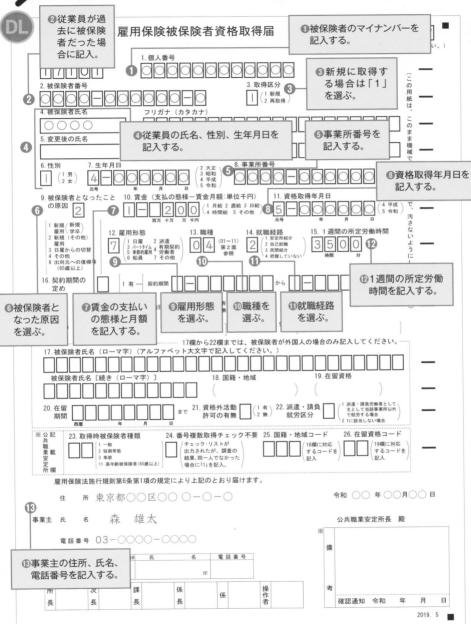

DL

❷従業員が過去に被保険者だった場合に記入。

❶被保険者のマイナンバーを記入する。

雇用保険被保険者資格取得届

1. 個人番号

❶

❷従業員が過去に被保険者だった場合に記入。

2. 被保険者番号

❷ ○○○○-○○○○-○

3. 取得区分
1 新規
2 再取得

❸新規に取得する場合は「1」を選ぶ。

4. 被保険者氏名 フリガナ（カタカナ）

❹ ○○○○

❹従業員の氏名、性別、生年月日を記入する。

5. 変更後の氏名

❺事業所番号を記入する。

6. 性別
1 男
2 女

7. 生年月日
4
元号 年 月 日
2 大正
3 昭和
4 平成
5 令和

8. 事業所番号

❺

❽資格取得年月日を記入する。

9. 被保険者となったことの原因
❻ 2
1 新規（新規雇用（学卒）
2 新規雇用（その他）
3 日雇からの切替
4 その他
5 出向元への復帰等（65歳以上）

10. 賃金（支払の態様ー賃金月額：単位千円）
❼ 1-200
百万 十万 千 百
1 月給 2 週給 3 日給
4 時間給 5 その他

11. 資格取得年月日
❽ 5-
元号 年 月 日
4 平成
5 令和

12. 雇用形態
❾ 7
1 日雇
2 パートタイム
3 季節的雇用
5 船員
4 派遣有期契約労働者
6 その他

13. 職種
❿ 04
（01～11）第2面参照

14. 就職経路
⓫ 2
1 安定所紹介
2 自己就職
3 民間紹介
4 把握していない

15. 1週間の所定労働時間
⓬ 3500
時間 分

⓬1週間の所定労働時間を記入する。

16. 契約期間の定め
1 有ー契約期間
から

❻被保険者となった原因を選ぶ。

❼賃金の支払いの態様と月額を記入する。

❾雇用形態を選ぶ。

❿職種を選ぶ。

⓫就職経路を選ぶ。

17欄から22欄までは、被保険者が外国人の場合のみ記入してください。

17. 被保険者氏名（ローマ字）（アルファベット大文字で記入してください。）

被保険者氏名〔続き（ローマ字）〕

18. 国籍・地域

19. 在留資格

20. 在留期間
西暦 年 月 日 まで

21. 資格外活動許可の有無
1 有
2 無

22. 派遣・請負就労区分
1 派遣・請負労働者として主として当該事業所以外で就労する場合
2 1に該当しない場合

※公共職業安定所記載欄

23. 取得時被保険者種類
1 一般
2 短期常態
3 季節
3 高年齢被保険者（65歳以上）

24. 番号複数取得チェック不要
チェック・リストが出力されたが、調査の結果、同一人でなかった場合に「1」を記入。

25. 国籍・地域コード
18欄に対応するコードを記入

26. 在留資格コード
19欄に対応するコードを記入

雇用保険法施行規則第6条第1項の規定により上記のとおり届けます。

住 所 東京都○○区○○ ○-○-○

令和 ○○ 年 ○○月○○ 日

事業主 氏 名 森 雄太

公共職業安定所長 殿

電話番号 03-○○○○-○○○○

⓭事業主の住所、氏名、電話番号を記入する。

氏 名 電話番号
印

所長 次長 課長 係長 係 操作者

※備考

確認通知 令和 年 月 日

2019. 5

⑨ 勤めていた会社の退職手続きを行う

前職の会社をやめる際は「立つ鳥跡を濁さず」で。保険を切り替え、国民年金基金やiDeCoの加入も検討する。

退職する際に求められる心構え

これから個人事業を始めようとする人の多くは、今現在、会社勤めをしているはずです。会社を退職する際には、"立つ鳥跡を濁さず"を意識することが大切です。

会社勤めをしていたときに築いた人脈を利用することは、個人事業で成功するためのポイントの1つです。退職時に会社ともめてしまったら、在職時に築いた人脈を活かしにくくなるかもしれません。また、もとの会社が、自分の顧客やビジネスパートナーとなる可能性もあります。

そうした先々の可能性をいたずらにつぶさないためにも、円満な退職を心がけましょう。特に、退職時に返還すべきものを返さないままでいると印象が悪くなります。また、横領などに問われるおそれもあるので、自宅にあるものも含めてしっかりとチェックして、忘れずに返すようにしましょう。

保険の切り替えも行う

会社に勤めていたとき、ほとんどの人は健康保険と厚生年金に加入していたはずですが、退職に伴いそれらの保険の切り換えも必要になります。具体的には、国民健康保険と国民年金への加入手続きを行う必要があります。

いずれも退職日の翌日～14日以内に、居住する市区町村役場で行わなければなりません。年金手帳など、それぞれについて所定の提出書類があるので、忘れないようにしましょう。

国民年金基金やiDeCoの加入も

ちなみに、健康保険については、会社が加入していた保険に最長2年間まで継続加入することができる任意継続の制度が用意されています。

国民健康保険に比べて保険料を低額に抑えられる場合もあるので、制度の利用を検討してみてもよいかもしれません。

また、国民年金の給付額は基本的に低額であることから、老後に不安がある人は国民年金基金やiDeCo(イデコ)など、任意で加入できる他の年金制度の利用も前向きに考えてみるとよいでしょう。

用語 **国民年金基金** 自営業者などが、ゆとりある老後を過ごすことができるように、老齢基礎年金に上乗せした形で給付を行う公的年金。

退職手続き

退職時に返すもの

健康保険証	健康保険は、会社を辞めた時点で脱退することになる
身分証明証、社員章	他にも社員であることを証明するものがあればすべて返却する
名刺	自分の名刺だけでなく仕事で得た名刺の返却を求められる場合もある
通勤定期券	交通費の名目で前払いを受けている金銭があれば、それもあわせて返還する
制服	クリーニングをして戻す
鍵	オフィスに入場する際に使うもの以外に、デスク・ロッカーなどの鍵も返却が必要
備品	会社から貸与されたものや会社の経費で購入した事務用品など
その他	業務で作成した書類やプログラム、図面などの制作物

退職時に受け取るもの

雇用保険被保険者証	雇用保険の受給手続きに必要
年金手帳	国民年金の手続きを行うのに必要
源泉徴収票	所得税の年末調整をするのに必要
健康保険資格喪失証明書	国民健康保険に加入する際に必要
離職票	失業手当を申請する場合に必要
退職証明書	何らかの理由で退職したことを証明する場合に必要

メモ iDeCo（イデコ:個人型確定拠出年金）は、加入者が運用する金融商品を決め、毎月決まった額を積み立てていく仕組みになっている。

コラム

数字で見る新規開業の実態

　日本政策金融公庫（44ページ参照）では、同公庫が融資してきた個人企業、法人企業を対象に、毎年「新規開業実態調査」を実施し、その結果を公表しています。開業者の属性や開業費用など、調査結果には、これから個人事業を始める人にとって興味深いと思われるデータも少なくありません。2018年度の調査結果の中から、その一部を紹介しましょう。

❶開業時の年齢は「40代」が35.1％と最も高く、次いで「30代」が31.8％を占めている。**開業時の平均年齢は43.3歳。**2013年度以降、開業時平均年齢の上昇が続いている。

❷開業者に占める**女性の割合は19.9％。**女性の割合は上昇傾向にある。

❸最終学歴は、「大学・大学院」の割合が37.8％と最も高く、「高校」が31.2％。「専修・各種学校」が23.5％と続いている。

❹開業直前の職業は、「**正社員（管理職）」の割合が42.2％**と最も高く、次いで「正社員（管理職以外）」が29.5％を占める。長期的にみると「正社員（管理職）」の割合は増加傾向にある。

❺開業直前の勤務先を離職した理由は、「**自らの意思による退職」が86.2％**を占める。「勤務先の倒産・廃業」「事業部門の縮小・撤退」「解雇」を合わせた「勤務先都合」による離職は8.9％。

❻開業動機は、「**仕事の経験・知識や資格を活かしたかった」（50.8％）、**「自由に仕事がしたかった」（49.2％）、「収入を増やしたかった」（44.6％）の順に多い。

❼現在の事業に決めた理由は、「**これまでの仕事の経験や技能を活かせるから」（42.2％）、**「身につけた資格や知識を活かせるから」（20.9％）、「地域や社会が必要とする事業だから」（15.1％）の順に多い。

❽開業費用の分布をみると、「**５００万円未満」の割合が37.4％**と最も高く、次いで「５００万～1,000万円未満」が31.0％を占める。「1,000万円以上」の割合は、4年連続で減少している。

3章

事業運営の
ポイント

開業したら、多種多様な取引を
日々こなす。ときには、経営セミ
ナーに参加したり、専門家のアド
バイスを得ながら、自分なりのノ
ウハウを築き上げたい！

① 広告・宣伝を行う

商品やサービスの宣伝・広告は、法律で定められたルールに従って行うこと。
景品表示法に違反すれば、厳しい罰則を課されることもある。

広告・宣伝の手段は多様

開業の際には、集客のために広告・宣伝を集中的に行う必要があります。その際に考えられる媒体の選択肢としては以下のようなものがあげられます。

① 最寄り駅の広告
② 電車・バス広告
③ 電柱広告
④ 折込チラシ
⑤ ポスティング
⑥ フリーペーパー、タウン誌
⑦ インターネット

それぞれに異なった特長があるので、期待できる広告効果やコストなども考慮しながら、最も適した手法を選択するとよいでしょう。

パブリシティの活用も考える

事業の宣伝手段としては、パブリシティの活用も効果的です。パブリシティとは、雑誌や新聞、テレビなどのメディアで報道の形で商品やサービスを取り上げてもらう活動です。

パブリシティは一般的な広告に比べて、より多くの関心を集めやすく、口コミによって店へ注目する人の輪が広がっていくことも期待できます。その方法としては、報道機関に商品・サービスの情報資料を提供する（プレスリリース）、テレビ局、雑誌編集部などを訪問してＰＲ活動を行う（メディアキャラバン）などの活動が考えられます。

広告はルールに従って行う

商品やサービスの宣伝・広告は、法律で定められたルールに従って行わなければなりません。特に、「不当景品類及び不当表示防止法」（景品表示法）の規定は重要です。景品表示法では、誇大広告、大げさな表示、虚偽表示、消費者をだますような表示などを禁止しています。同法に違反すれば、厳しい罰則を課されることもあります。

ここが重要!

業界ごとに独自の広告ガイドラインが制定されていることもあります。その場合には、ガイドラインの禁止事項の遵守も必要になります。

用語　不当景品類及び不当表示防止法　不当な景品や広告などで、商品・サービスに人を引き寄せる行為により、消費者が不測の損害を受けることを防止するのを目的とした法律。

主な広告媒体の種類

種　類	特　長
①最寄り駅の広告	駅で看板などの形で表示される。1年から長い場合には数十年の長期で掲出することも可能で、近隣住民の目に広く触れることが期待できる
②電車・バス広告	駅広告と同様の効果が期待できる。バス広告の場合には、店の所在地を告げるバスアナウンスも併用すれば、より広告効果を高めることができる
③電柱広告	電柱に巻くタイプのものと、看板のように電柱に張り出すタイプの2種類がある。店までの道案内の役目も果たす
④折込チラシ	新聞購読者の関心をひくことが期待できる反面、新聞を購読していない人の目には触れないというデメリットがある
⑤ポスティング	ポストの中にチラシ広告を直接投函する手法。専門業者に頼んでもよいが、自分で行えば宣伝広告費を節約できる
⑥フリーペーパー、タウン誌	読者の興味や関心をひく記事とともに掲載されることが多いので目にとまりやすい
⑦インターネット	ウェブ広告を利用するほかに、SNSやサイトなどを通じて自ら宣伝を行うことも可能

「景品表示法」に違反すると、消費者庁から措置命令（行為の撤回、再発の防止命令）などの行政処分を受けるから気をつけないと！

重要　不当な商品名やキャッチコピー、過大な景品類には要注意ね。

3章 事業運営のポイント

② 業務委託契約を結ぶ

契約書はトラブル発生時の有力な証拠となる。特に業務委託契約を結ぶ場合には、可能な限り契約書を作成することが望ましい。

契約書を作成する意味とは？

　事業を続けていく中では、さまざまな形で契約を結ぶことになります。たとえば、店舗や事務所を借りる場合には賃貸借契約を、また商品を仕入れる場合には売買契約を結ぶことになります。

　こうした契約の多くは口頭だけでも、つまり口約束だけでも有効です。契約が成立し効力を生じるための条件として契約書の作成が要求される国もありますが、贈与（金銭や物などを無償で与える契約）などの例外を除けば、日本では原則的に当事者の合意だけで契約が成立します。そのため、契約を結ぶ際に契約書を作成することは、必ずしも必要なことではありません。

　しかし、単なる口約束では、契約の相手に「守らなくても構わない」という気持ちを起こさせるかもしれません。

　また、契約の内容をしっかりと文書の形で残しておけば、後で万が一、トラブルが起きた場合に有力な証拠となります。つまりは、「言った」「言わない」の水掛け論を防ぐことができるわけです。

契約で業務内容を明確にする

　特に業務委託契約を結ぶ場合には、可能な限り契約書を作成することが望ましいでしょう。業務委託契約とは、何らかの仕事を発注する、あるいは受注するときに結ぶ契約です。

　この業務委託契約において問題となることが多いのは、そもそもどのような仕事を頼んだのか、またどのような状態になれば仕事が終わったといえるのかという点です。

　たとえば、故障した機械の修理を依頼した場合、「故障とは何か」「また故障が直るとはどのようなことなのか」によって、修理の意味も変わってくるでしょう。業務委託契約では明確さが強く求められることから、その内容をしっかりと契約書の形で定めておくことが求められるのです。

　業務を依頼されて、相手先から「業務委託契約書」を渡された場合に、「委託する業務の内容」「委託期間」「委託料（報酬）」「受託者の義務」など、具体的にチェックする箇所を右ページにあげました。

用語　業務委託　企業や個人と雇用関係を結ばずに対等な形で仕事の依頼を受ける働き方、またはその際に結ばれる契約。

業務委託契約書のチェックポイント

業務委託契約書

○○（以下「甲」という）と△△（以下「乙」という）とは、業務の委託に関して、次の通り契約を締結する。

（契約の成立）
第1条 甲は、乙に対し○○の業務について委託し、乙はこれを受託した。

（業務の内容）
第2条 前条の○○業務は、履行に必要な関連業務並びに付随業務を含むものとする。

> 業務の内容と範囲が明確にされているか。

（契約期間）
第3条 本契約の有効期間は、令和○○年○月○日から令和○○年○月○日までとする。
2 本契約の延長については、契約満了の1ヶ月前までに両者が協議のうえ、契約期間を取り決めることができるものとし、別途書面にて契約締結することとする。

> 委託期間が記されているか。

（秘密保持）
第4条 乙は、本契約期間中、本契約の終了後を問わず、本契約に基づき知り得た一切の情報を、第三者に開示・漏示してはならない。

> 営業秘密が漏洩しないよう、秘密保持義務について定められているか。

（委託料の支払い）
第5条 本契約における委託料は、月額金○○万円とする。
2 甲は、当月分の委託料を乙指定の金融機関口座に振込の方法によって、翌月○日までに支払うものとする。

> 委託料（報酬）が明確に記されているか。

（契約解除）
第6条 甲は、乙に次の各号のいずれかに該当する事由が生じたときは、何らの通知催告を要せず、直ちに本契約を解除することができる。
　① 営業停止又は営業許可の取消等の処分を受けたとき
　② 破産、会社更生法の申立及び民事再生手続きの申立をし、またはこれらの申立がなされたとき
本契約または個別契約を行わないとき
　③ 差押、仮差押、仮処分などの強制執行を受けたとき
　④ 解散、合併または営業の全部、重要な一部の譲渡を決議したとき
　⑤ 監督官庁から営業取消し、営業停止等の処分を受けたとき
　⑥ 公租公課の滞納処分を受けたとき
　⑦ 支払停止若しくは支払不能に陥ったとき、又は手形交換所から不渡処分若しくは警告を受けたとき。
　⑧ 前各号に準じる事実が生じたとき

> 契約期間中に委託業務を十分に遂行できない事態が生じたときには、無催告で契約を解除できる特約が定められているか。

（合意管轄）
第8条 本契約より生じる権利義務に関する争いを解決するための第一審管轄裁判所は、甲の本店所在地を管轄する地方裁判所とする。

（協議）
第9条 本契約について定めのない事項については、甲乙の協議するところにより定める。本契約中の条項の解釈について疑義が生じた場合も同様とする。

本契約の成立を証するため、本書を2通作成し、甲乙各自記名捺印の上各1通を所持する。

令和○○年○月○日

東京都○○区○○町○丁目○番○号
甲（委託者）　　　　　　○○株式会社
　　　　　代表取締役　　○○○○　　印
東京都○○区○○町○丁目○番○号
乙（受託者）　　　　　　△△△△　　印

アドバイス 契約書があれば、お互い契約違反の行動をとりにくいという抑止にもつながる。

メモ 業務委託契約という名の法律はなく、民法でいくつか定められている「請負契約」や「委任契約」など、他人に業務を任せる契約の用語。

③ 見積書などの取引書類を作成・管理する

取引書類の主なものとしては①見積書、②納品書、③請求書、④領収書がある。取引書類は必ず2部作成し、1部は保管。こまめに整理する。

主な取引書類の種類

事業を展開していくうえでは、商品の発注や代金の請求など、多種多様な取引を行うことになります。そうしたさまざまな取引の中で一定の目的のもとに作成される文書が取引書類です。

取引書類の主なものとしては①見積書、②納品書、③請求書、④領収書があります。

❶見積書 取引先から注文を受けた商品・サービスについて、その詳細や単価、数量、合計金額などを示したものです。

❷納品書 注文された商品・サービスを取引先に納品する際に提出する文書であり、商品の明細などが記載されています。

❸請求書 取引先に納品した商品・サービスの代金の支払いを求める文書です。

❹領収書 納めた商品やサービスに対して、代金の受け渡しが行われたことを証明する文書です。

いずれも、市販の製品があります。また、パソコンで作成することも可能で

す。書式のテンプレートを提供しているサイトのサービスなどを利用すれば、簡単に作ることができます。

こまめな整理が大切

これらの取引書類は、後述する決算書の作成や確定申告の作業などを行うときにも必要となります。

また、申告を行った後に税務署から提示を求められることもありますし、取引先に税務調査（176ページ）が入ったときに、調査の一環として提供を要請されることもあります。その際に、求められた取引書類を示すことができなければ脱税などを疑われるかもしれません。さらに、取引先とトラブルになり裁判になったような場合にも、証拠として必要になります。

したがって、取引書類は必ず2部作成し、1部はしっかりと保管することを心がけましょう。たまると面倒になるので、こまめに整理することが大切です。気づいたら意識的に封筒やファイルにまとめたり、ノートに貼り付けるなど自分なりに管理しやすい方法を工夫してみてください。

用語 **税務調査** 確定申告の内容などが正しいか否かを確認するために、国税庁や税務署などの税務当局によって行われる調査。

取引書類の管理

取引書類などの保存期間

税務上、取引書類や決算書、契約書などは「帳簿書類」と呼ばれ、以下のように一定期間保存することが義務づけられています。

保存期間	書　類　名
5年間	見積書、納品書、注文書、仕入伝票、出荷依頼書など
7年間	請求書、領収書、契約書、預金通帳、借用証書、有価証券取引書、決算書（損益計算書、貸借対照表など）、小切手や手形の控え、帳簿類など

税務上、認められている保存方法

紙による保存	原則として紙による保存をする。パソコンで作成したものも印刷が必要
マイクロフィルムによる保存	保存期間から6年目以降（一定の書類「棚卸表、貸借対照表、損益計算書などの計算、整理または決算関係書類」以外は4年目以降）
電磁的記録（サーバ・DVD・CDなど）による保存	事前に所轄税務署長に対し、備え付けを行う日の3か月前の日までに申請書を提出し、承認を受けた場合
スキャナ保存	棚卸表や決算関係書類、3万円を超える取引の契約書や領収書など、重要性の高い帳簿書類以外のものについて、スキャナを用いた保存を行う3か月前までに、所轄税務署長へ申請し、承認を受けた場合（元の紙の文書は廃棄）
電子計算機出力マイクロフィルム（COM）による保存	最初の記録段階から一貫して電子計算機を使用して作成する帳簿書類について、一定の要件（電磁的記録に同じ）を満たす場合

メモ ▶ 取引書類の保存期間のルールを守らない場合には、青色申告が取り消されるといった不利益を被るおそれがある。

見積書サンプル

❶ 取引先の社名、担当部署、担当者名などを記載。

御見積書

作成日　○○年○○月○○日

❷

❷作成年月日を記載。

❶ ○○株式会社　○○部御中

御担当：○○様

平素は大変お世話になっております。
下記の通り御見積り申し上げます。

❸

❸自分の連絡先（住所、電話番号など）を記載。

○○○○企画

〒○○○ - ○○○○
東京都○○区○○ 1-23-45
○○ビル 3 F
　電話 03- ○○○○ - ○○○○
　FAX　03- ○○○○ - ○○○○
　e-Mail ○○○○○○@○○○

御見積金額合計
❹ ¥ ○○○

❹見積金額を記載。

❺

項目	数量	単位	単価	金額	備考
商品 A	1	式	¥○	¥○○○	
商品 B	2	個	¥○	¥○○○	○○○○○○○○○
商品 C	3	枚	¥○	¥○○○	
		小　計		¥○○○	
		消費税		¥○○	
		合　計		¥○○○	

❺項目、数量、単位、金額などの明細を記載する。注意事項がある場合は、その旨備考欄に記す。

● 見積書は前もって取引金額や条件を提示するための書類
● あいまいな内容や項目のもれがあるとトラブルのもとになるので、細かく記載する
● 納期の設定によって、初めて価格の提示ができる商品やサービスもあるので、その場合は備考欄に注記するか、納期に関する欄を設けて提示する

❻小計を記載。

❻ 小　計

❼消費税額を記載。

❼ 消費税

❽合計金額を記載。

❽ 合　計

DL

❶取引先の社名、担当部署、担当者名などを記載。

納品日　○○年○○月○○日

納品書

❷納品する年月日、または納品書を作成した年月日を「作成日」として記載。

❶

○○株式会社　○○部御中

御担当：○○様

平素は大変お世話になっております。
下記の通り納品しました。

❸自分の連絡先（住所、電話番号など）を記載。

❸

○○○○企画

〒○○○-○○○○
東京都○○区○○ 1-23-45
○○ビル3F
電話 03-○○○○-○○○○
FAX 03-○○○○-○○○○
e-Mail ○○○○○○@○○○

納品金額合計

❹納品金額を記載。

❹ ¥ ○○○

❺

項目	数量	単位	単価	金額	備考
商品A	2	式	¥○	¥○○○	
商品B	2	個	¥○	¥○○○	
商品C	1	枚	¥○	¥○○○	
商品D	4	式	¥○	¥○○○	
			小　計	¥○○○	
			消費税	¥○○	
			合　計	¥○○○	

❺項目、数量、単位、単価、金額などの明細を記載する。見積もり段階から変更があった場合は、経緯（その事実を示す書類〈たとえば請求書〉の通りなど）を記載する。

- ●納品書は、商品を取引先へ納入する際にあわせて提出する書類で、基本的には見積書と同じ内容（金額）になる
- ●発行を義務づけられているわけではないが、トラブル防止の面から個人事業主でも発行する場合がある
- ●納品書の有無で、取引相手の印象が変わってくることもあるので、スムーズな取引につなげるためにも作っておきたい
- ●請求書と兼用とすることもあり、その場合は支払い条件や入金口座を記載する（次ページ参照）

❻小計を記載。

❼消費税額を記載。

❻ 消費税

❼ 合　計

❽合計金額を記載。

❽

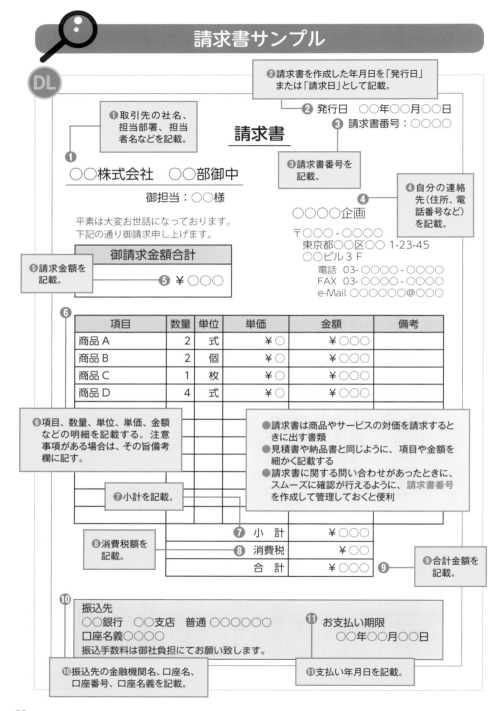

請求書サンプル

❷請求書を作成した年月日を「発行日」または「請求日」として記載。

❷ 発行日　○○年○○月○○日

❸ 請求書番号：○○○○

❶取引先の社名、担当部署、担当者名などを記載。

請求書

❸請求書番号を記載。

❶ ○○株式会社　○○部御中

御担当：○○様

平素は大変お世話になっております。
下記の通り御請求申し上げます。

❹自分の連絡先（住所、電話番号など）を記載。

○○○○企画

〒○○○ - ○○○○
東京都○○区○○ 1-23-45
○○ビル 3 F
電話　03- ○○○○ - ○○○○
FAX　03- ○○○○ - ○○○○
e-Mail ○○○○○○@○○○

御請求金額合計

❺請求金額を記載。

❺ ¥ ○○○

項目	数量	単位	単価	金額	備考
商品 A	2	式	¥○	¥○○○	
商品 B	2	個	¥○	¥○○○	
商品 C	1	枚	¥○	¥○○○	
商品 D	4	式	¥○	¥○○○	
			小　計	¥○○○	
			消費税	¥○○	
			合　計	¥○○○	

❻項目、数量、単位、単価、金額などの明細を記載する。注意事項がある場合は、その旨備考欄に記す。

●請求書は商品やサービスの対価を請求するときに出す書類
●見積書や納品書と同じように、項目や金額を細かく記載する
●請求書に関する問い合わせがあったときに、スムーズに確認が行えるように、請求書番号を作成して管理しておくと便利

❼小計を記載。

❼ 小　計

❽消費税額を記載。

❽ 消費税

❾合計金額を記載。

❾ 合　計

❿ 振込先
○○銀行　○○支店　普通 ○○○○○○
口座名義○○○○
振込手数料は御社負担にてお願い致します。

⓫ お支払い期限
○○年○○月○○日

❿振込先の金融機関名、口座名、口座番号、口座名義を記載。

⓫支払い年月日を記載。

領収書サンプル

事業運営のポイント

❶ 取引先の名前・社名、担当者名などを記載。

領 収 書

❷ 領収書番号を記載。

❶ ○○○○○ 御中

No. ○○○○ ❷

発行日　○○年○○月○○日

金額	￥○○○ー（税込）

但し　　○○○○○　として ❹

❹ 領収した代金の内容がわかるよう具体的に示す。

上記正に領収しました

収印
入紙

内　訳 ＿＿＿＿＿＿＿＿＿
税抜金額　￥○○○○○
消費税等　￥○○○

○○○○企画
〒○○○ - ○○○○
　東京都○○区○○ 1-23-45
　○○ビル 3 F
電話　03- ○○○○ - ○○○○

● 領収書はお金を受け取ったことを証明する書類で、最低限、金額、日付、自分の名前（押印）、宛名（相手の名前）を記載する
● 最低限記載する事項があれば、いわゆる「レシート」でも領収書として認められる

❸ 代金を領収した年月日を記載。

領 収 書

❸ 発行日　○○年○○月○○日

❷ No. ○○○○

❶ ○○○○○ 様

金額	￥○○○ー

内消費税　￥○○

但し　　❹ ○○○○○　として

上記正に領収しました

収印
入紙

❻ ○○○○企画
〒○○○ - ○○○○
　東京都○○区○○ 1-23-45 ○○ビル 3 F
電話　03- ○○○○ - ○○○○
FAX　03- ○○○○ - ○○○○

❻ 自分の連絡先（住所、電話番号など）を記載。

❺

❺ 領収金額が5万円以上の場合は、金額に応じて収入印紙を貼付する。消印も必要。

④ 金銭トラブルへ対応する

金銭トラブルに巻き込まれたら、まずは冷静に支払いの意思を確認し、拒まれたら催告書を送り、それでも支払わない場合は法的手段を検討する。

誰もが金銭トラブルに巻き込まれる可能性がある

「支払日がきても、取引先が代金を支払ってくれない」。事業を続けていれば、誰もがこのような金銭トラブルに遭遇する可能性があります。たとえば、フリーランスの場合、取引相手の経営が悪化すれば報酬の支払いがすぐさま滞るおそれがあります。

また、ネット販売の場合には、最初からお金を払う気のない悪質な「購入者」もいるでしょう。相手の顔が見えないだけに、対面の売買よりも不払いのトラブルに巻き込まれる危険性は高くなるかもしれません。

飲食店のような現金商売でも、後払いを認めていれば、つけがたまって払えなくなる人が出てきて、代金を回収できなくなるおそれがあります。

支払いを拒まれたら法的手段を検討

では、このような金銭トラブルに直面したときは、どのような対応をとればよいのでしょうか。

まずは、相手にお金を支払う意思があるのかないのかを冷静に探ることです。「払え！」と一方的に責め立てるなど、ことを荒立てるような姿勢は禁物です。支払期限を忘れていただけ、という可能性もあるので、電話や書面などを使って、支払いが遅れている旨をやんわりと伝えて相手の反応をうかがいましょう。

そのうえで、相手に払う意思がないことがわかったら、次に内容証明の形で催告書を送ります。催告書は代金などの支払いを督促する文書です。内容証明で送ることにより、確実に支払いを督促したことが証拠として残せます。

それでもなお、相手が支払わない場合には法的手段を、具体的には①支払督促や②民事調停、③訴訟も検討しましょう。

①は裁判所に代わりに督促してもらう手続き、②は裁判所に支払いを得るための調停を行ってもらうものです。③に関しては、請求額がそれほど大きくない場合には費用が低額で、時間もかからない少額訴訟も利用できます。どれも裁判所に行けば、手続きの仕方などについて詳しく教えてもらえるはずです。

用語 内容証明 いつ、だれがだれに対して、どのような内容の文書を送ったのかについて、郵便局が証明してくれるサービス。

支払督促の流れ

申し立て

裁判所

**仮執行宣言
申し立て**

仮執行宣言!

**財産の
強制執行**

財産

財産

財産

❶支払督促を申し
立てる

❷債務者に支払督
促が到着後、2
週間以内に督促
の相手から異議
が申し立てられ
なければ、さら
に仮執行宣言を
申し立てる

❸仮執行宣言が発
せられる

❹相手から2週間
以内に異議が申
し立てられなけ
れば、相手の財
産に強制執行を
行うことが可能
となる

メモ ─ 仮執行宣言が発せられると、判決の確定前などでも、差押えなどの強制執行を仮に行うことが可能となる。

■ 民事調停の流れ

申し立て

裁判所

組織　　聴取　　解決策

合意

当事者

財産の
強制執行

財産　財産

財産

❶民事調停を申し
立てる

❷調停委員会が組
織される
❸調停委員会によ
りトラブルの実
情の聴取、当事
者の意見の調整
が試みられる
❹解決案が提示さ
れる

❺解決案に当事者
が合意する
❻調停が成立。調
停調書が作成さ
れ、相手の財産
に強制執行を行
うことが可能と
なる

少額訴訟の流れ

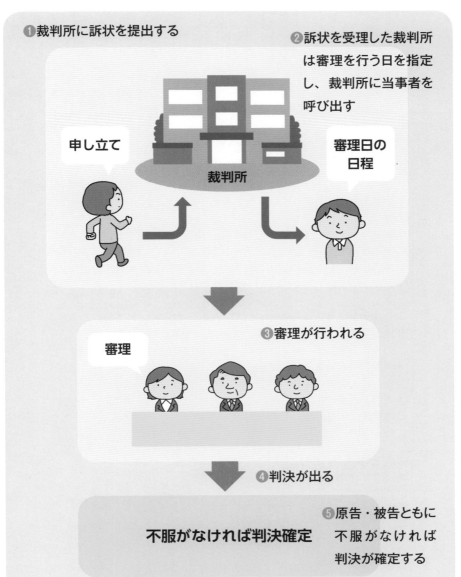

❶裁判所に訴状を提出する

❷訴状を受理した裁判所は審理を行う日を指定し、裁判所に当事者を呼び出す

申し立て

裁判所

審理日の日程

❸審理が行われる

審理

❹判決が出る

不服がなければ判決確定

❺原告・被告ともに不服がなければ判決が確定する

（いずれかに不服があれば異議申立てを経て、通常訴訟の形で審理されることになる）

催告書サンプル

DL

❶ 取引先の社名、社長名、責任者名などを記載。

❷ 催告書を作成した年月日を記載。

〒○○○ - ○○○○
東京都○○区○○ 6-78-90
○○ビル 3 F
　○○○○○○社 ❶
　○○　○○様

❷ ○○年○○月○○日

● 催告書は相手に約束した行為を請求する書類
● 債権の時効の中断を行うために、相手に返済を承認してもらうのが目的

❸ 代金の未払いの事実を記載。「お約束をしておりました期日」という一文で再三催促していたことを確認してもらう。

催　告　書

拝啓　貴社益々ご清祥のこととお喜び申し上げます。平素は格別のお引き立てを賜りまして厚くお礼申し上げます。

❸

早速ではございますが、○○年○○月○○日に私共が貴社にお納めしました○○○○○○の売掛代金、金○○○円也（○○年○○月○○日現在）につき、お約束をしておりました期日を過ぎましたが、いまだにお支払いをいただいておりません。

❹ 改めて支払いを促す。

つきましては本催告書をもって、重ねてお支払いのご請求を申し上げます。本状の到達後○○以内に私共までご持参またはご送金のうえお支払いくださいますようお願い申し上げます。❹
本催告書と行き違いにご返済いただいておりました際には、悪しからずご容赦ください。

❺ 万一、期限内にお支払いのない場合は、法律上の手続きなどを含めた新たな対応をせざるを得ないことを予めご承知おきください。
以上、取り急ぎ催告申し上げます。

敬具

❺ 法的手続きの用意など、今後の対応を簡潔に記載する。

❻
〒○○○ - ○○○○
東京都○○区○○ 1-23-45
○○ビル 3 F
　○○○○企画
　○○　○○

❻ 自分の住所、名前を記載。

DL

❶事件名を記入する。

収入印紙
（消印しない）

支払督促申立書

❶ 売買代金　請求事件

当事者の表示　　　　別紙当事者目録記載のとおり

請求の趣旨及び原因　　別紙請求の趣旨及び原因記載のとおり

「債務者　　は，　　　　　　債権者に対し，請求の趣旨記載の金額を支払え」
との支払督促を求める。

申立手続費用　金	○○○○	円	
内　訳			
申立手数料（印紙）	○○○○	円	
支払督促正本送達費用（郵便切手）	○○○○	円	
支払督促発付通知費用	○○○	円	
申立書作成及び提出費用	○○○○	円	
資格証明手数料		円	

❷申立手続費用の
金額とその内訳
額を記入する。

平成○○年○○月○○日

住　　所：〒○○○－○○○○
（所 在 地）　東京都○○区○○ ○丁目○番地

債権者氏名：
（名称及び代表者の
資格・氏名）　ノーブル・ラズライト 夏目　華子

（電話：　０３－○○○○－○○○○　）
（FAX：　０３－○○○○－○○○○　）

❸債権者（申立人）
の住所と電話番
号、FAX番号、
名称、代表者の
氏名などを記入
する。

印

❹

❹認印でもよい。

○○ 簡易裁判所　裁判所書記官　殿

❺

価額　　　　１５０,０００ 円

貼用印紙　　○○○○ 円
郵便切手　　○○ 円
葉書　　　　　　枚
添付書類 □資格証明書　　　　通
　　　　 □　　　　　　　　通
　　　　 □　　　　　　　　通

受付印

❺「価額」の欄には、
請求する債権の金額
（元本のみ）を記入。

貼用印紙	円	
郵便切手	円	
葉書	枚	

※　上記用紙については，太い黒枠内について記入してください。

　　項目を選択する場合には，□欄に「レ」を付してください。

❻債権者（申立人）の住所と電話番号、FAX番号、名称、代表者の氏名などを記入する。

当事者目録

住　　所：〒 ○○○－○○○○
（所在地）　東京都○○区○○ ○丁目○番地

氏　　名：ノーブル・ラズライト 夏目　華子
（名称及び代表者の
資格・氏名）

電話： ０３－○○○○－○○○○
ＦＡＸ：０３－○○○○－○○○○

❻ 債権者

　　債権者に対する書類の送達は次の場所に宛ててください。
☑上記の債権者住所
□債権者の勤務先
　名　称：
　所在地：〒

　電話：
　ＦＡＸ：
□その他の場所（債権者との関係：
　住所：〒

　電話：
　ＦＡＸ：
　送達受取人：

送達場所等の届出

●支払督促は、債務者に金銭の支払いなどをするよう督促する裁判所書記官の処分で、その手続きのための書面が支払督促申立書

①住　　所：〒 ○○○－○○○○
（所在地）　東京都○○区○○ ○丁目○番地

氏　　名：　○○ ○○
（名称及び代表者の
資格・氏名）
電話： ０３－○○○○－○○○○
ＦＡＸ：０３－○○○○－○○○○

②住　　所：〒
（所在地）

氏　　名：
（名称及び代表者の
資格・氏名）
電話：
ＦＡＸ：

債務者

❼

❼債務者の住所と電話番号、FAX番号、名称（氏名）、法人であれば代表者の資格、氏名を記入する。

※ 項目を選択する場合には，□欄に「レ」を付してください。

DL

請求の趣旨及び原因

❽債権の金額と、遅延損害金を請求する旨、申立手続費用の額を記載する。

請求の趣旨 ❽

1　金　　　　150,000 円

2　（☑上記金額，□上記金額の内金　　　　　　　　円）に対する
　　（□支払督促送達日の翌日，□平成　　年　　月　　日）
　　から完済まで，年○○%の割合による遅延損害金

3　金　　　　○○○○ 円（申立手続費用）

請求の原因 ❾

❾債権が発生する原因となった契約の内容と未払金の額などを記載する。

1　①契約の日　　○○ 年 ○○ 月 ○○ 日
　　②契約の内容　　債権者が，☑債務者
　　　　　　　　　　　　　　　　□申立外
　　　　　　　　　に売り渡した下記商品の代金
　　　　　　　　　（商品）
　　　　　　　　　3連 18 金リング「ラズ・オリジン」

　　③連帯保証人　　☑なし　　　□債務者　　　　　　□書面による保証
　　④遅滞損害金　　□定めあり（利率　　　）　　☑定めなし

2

代　　　金	支払い済みの額	残　　　額
150,000 円	円	150,000 円
	最後に支払った日 （　・　・　）	

3　☑最終支払期限（○○年 ○○ 月 ○○ 日）の経過

● これらの申立書を簡易裁判所の裁判所書記官に提出して審査を受ける
● 比較的簡易な書面であり、迅速・低額でできる手続き

※ 項目を選択する場合には，□欄に「レ」を付けてください。

DL

調停事項の価額	円
ちょう用印紙	円
予納郵便切手	円

印紙欄
（割印はしないでください）

民　事　一　般

受　付　印

（売買代金）

調　停　申　立　書

○○　簡易裁判所　御中

●民事調停は、民事事件において当事者の互譲により事案の解決を図る手続き
●調停が成立すれば、確定判決と同一の効力を有し、当事者への拘束力を有することになる

作成年月日	平成○○年○○月○○日

❶申立人の住所と氏名、電話番号、FAX番号を記入する。

❷相手方（債務者）の住所と氏名、電話番号、FAX番号を記入する。

申　立　人	❶ 住所（所在地）（〒○○○－○○○○　） 東京都○○区○○　○丁目○番地
	氏名（会社名・代表者名） ノーブル・ラズライト　夏目　華子　　㊞
	TEL　03 -○○○○-○○○○　　FAX　03 -○○○○-○○○○
	送達場所等の届出

申立人に対する書類の送達は，次の場所に宛てて行ってください。
☑ 上記住所等
☐ 勤務先　名称
　　　　　　〒
　　　　　　住所
　　　　　　　　　　TEL　　　　　　－　　　　　－
☐ その他の場所（申立人との関係　　　　　　　　　　　　）
　　　　　　〒
　　　　　　住所
　　　　　　　　　　TEL
☐ 申立人に対する書類の送達は，次の
　　氏　名

❸売買代金がまったく支払われていない場合には、「1　売買代金」に、一部未払いの場合は「2　残代金」に回収したい債権の額を記載する。

相　手　方	❷ 住所（所在地）（〒○○○－○○○○　） 東京都○○区○○　○丁目○番地
	氏名（会社名・代表者名） ○○　　○○
	TEL　03 -○○○○-○○○○　　FAX　03 -○○○○-○○○○

申　立　ての　趣　旨	相手方は，申立人に対して，次の金員を支払うこと
	① 売買代金　　　　　150,000　円　❸
	2 残代金　　　　　　　　　　　　円
	3 損害金　平成　　年　　月　　日から　❹ 年　　　○○%　の割合の金員

❹遅延損害金も発生していれば記載する。

紛争の要点	後記記載のとおり

上記のとおり調停を求めます。

民事調停申立書サンプル（2枚目）

DL

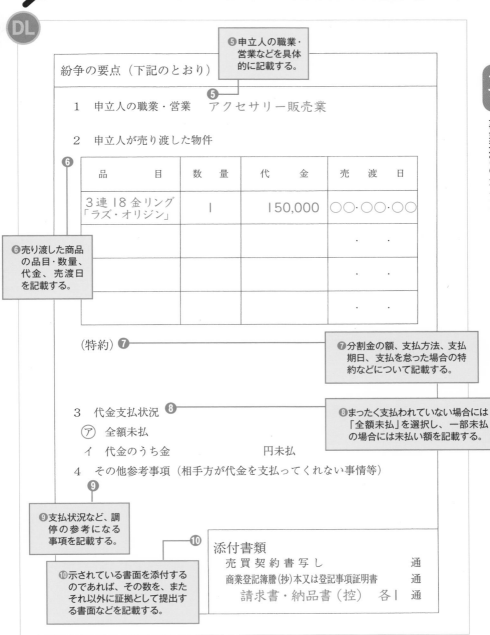

❺申立人の職業・営業などを具体的に記載する。

紛争の要点（下記のとおり）

1　申立人の職業・営業　　アクセサリー販売業 ❺

2　申立人が売り渡した物件

❻

品　　目	数　量	代　　金	売　渡　日
3連18金リング「ラズ・オリジン」	1	150,000	○○・○○・○○
			・　　・
			・　　・
			・　　・

❻売り渡した商品の品目・数量、代金、売渡日を記載する。

（特約）❼

❼分割金の額、支払方法、支払期日、支払を怠った場合の特約などについて記載する。

3　代金支払状況 ❽

㋐　全額未払

イ　代金のうち金　　　　　　　　円未払

❽まったく支払われていない場合には「全額未払」を選択し、一部未払の場合には未払い額を記載する。

4　その他参考事項（相手方が代金を支払ってくれない事情等）

❾

❾支払状況など、調停の参考になる事項を記載する。

❿

❿示されている書面を添付するのであれば、その数を、またそれ以外に証拠として提出する書面などを記載する。

添付書類

売買契約書写し　　　　　　　　　　通

商業登記簿謄（抄）本又は登記事項証明書　　通

請求書・納品書（控）　各1　通

3章

事業運営のポイント

DL

❶レ点を入れる。また、同一年に少額訴訟による裁判を求めたことがあればその回数を、なければ「0」と記入する。

訴　　状

事件名　　売買代金請求事件 **❶**

☑少額訴訟による審理及び裁判を求めます。本年，この裁判所において少額訴訟による審理及び裁判を求めるのは　｜　回目です。

○○　簡易裁判所　御　中　　　　　平成○○年○○月○○日

原告（申立人）

〒 ○○○−○○○○
住　所（所在地）　　　　　　　　　　　　　**❷**
　東京都○○区○○　○丁目○番地

❷自身の住所と氏名、電話番号、FAX番号を記入する。

氏　名（会社名・代表者名）
　ノーブル・ラズライト　夏目　華子　　　　　㊞印**❸**

❸認印でもよい。

TEL　　03-○○○○ -○○○○ FAX　　03 -○○○○-○○○○

送達場所等の届出

原告（申立人）に対する書類の送達は，次の場所に宛てて行ってください。
☑上記住所等
□勤務先　名　称
　　　　　〒
　　　　　住　所
　　　　　　　　　　　　　TEL
□その他の場所（原告等との関係
　　　　　〒
　　　　　住　所
　　　　　　　　　　　　　TEL

●少額訴訟制度は、民事訴訟において、60万円以下の金銭の支払請求について争う裁判制度
●個人が自分で手続きを行えるよう訴訟費用が抑えられ、迅速に審理が行われる

□原告（申立人）に対する書類の送達は，次の人に宛てて行ってください。
　氏　名

被告（相手方）

〒 ○○○−○○○○
住　所（所在地）　　　　　　　　　　　　　**❹**
　東京都○○区○○　○丁目○番地

❹被告（相手方）の住所と氏名、電話番号、FAX番号を記入する。

氏　名（会社名・代表者名）
　○○　　○○

TEL　　03- ○○○○ -○○○○ FAX　　03 -○○○○-○○○○

勤務先の名称及び住所
　　　　　　　　　　　　TEL　　　　−　　　−

❺

❺訴訟で請求する債権の金額や訴訟手続にかかる費用に応じて所定の金額を記入する。

訴訟物の価額	円	取扱者
貼用印紙額	円	
予納郵便切手	円	
貼用印紙	裏面貼付のとおり	

④− 1

（982030）

DL

❻原告に請求する債権の金額を記入する。

売買代金

❻
請求の趣旨

1　被告は，原告に対して，次の金員を支払え。

金　　　150,000　円

❼遅延損害金を請求する場合には該当箇所にレ点を入れ，その利率を記載する。

☑上記金額に対する　❼

☑平成○○年○○月○○日
□訴状送達の日の翌日 ｝から支払済みまで

年○○％　の割合による金員

❽レ点を入れる。仮執行の宣言を得れば，判決が確定する前に強制執行を行うことが可能になる。

2　訴訟費用は，被告の負担とする。

との判決（☑及び仮執行の宣言）を求めます。　❽

紛争の要点（請求の原因）

原告（　アクセサリー販売 業を営む者）が被告に売り渡した物件

❾

契約日　　平成○○年○○月○○日（から平成　　年　　月　　日まで）

品　目　3連18金リング「ラズ・オリジン」

数　量　　　　｜

代　金　金　　150,000　円

支払期日　平成○○年○○月○○日

❾原告の営んでいる業種，契約日，債務者に売り渡した物の品目，数量，代金，支払期日を記入する。

代金支払状況　❿

☑支払なし

□一部支払あり　金　　　　　　　　　　円

❿まったく支払われていない場合には「支払なし」を選択し，一部未払の場合には「一部支払あり」を選んで未払い額を記載する。

その他の参考事項

⓫

⓫債務者（被告）が代金を支払わない理由などを具体的に記載する。

添付書類

□契約書　　□受領証　　☑請求書（控）　　☑納品書（控）　⓬

□商業登記簿謄本又は登記事項証明書

□

⓬記載されている書面を証拠として提出する場合，該当箇所にレ点を入れる。記載されていない書面を提出する場合には，その内容を記す。

④-2

⑤ 専門家から アドバイスを得る

税理士や社会保険労務士、行政書士など、専門的な知識が必要な問題に対しては、専門家の手を借りるのがベスト。

事業では専門的な知識が求められる

事業を展開していくうえではさまざまな課題や問題に直面することになります。「税金の負担が重いので、少しでも軽くしたい」「従業員との間のトラブルに悩まされている」「役所から必要な許認可を得られずに困っている」などです。

こうした問題のすべてに独力で最適な解答や解決策を見つけることは難しいかもしれません。ことに、専門的な知識が求められるような場合には、なおさらそうでしょう。

専門家の手を借りるのがベスト

やはり、専門的な問題に関しては、その分野の専門家の力を借りるのがベストです。1人で考えているよりは、間違いのない解決策を得ることが期待できるはずです。

たとえば、税金に関する悩みは税理士に相談するのが一番ですし、労務トラブルについては社会保険労務士、許認可に関しては行政書士のサポートを得るのが適切です。初回の相談は無料のところも多く、インターネットを通じてアドバイスを得られる場合もあるので、気軽に利用してみましょう。

また、右ページにまとめたように、公的機関によって専門家に相談できるサービスが複数用意されているので、それらもぜひ活用してみてください。

アドバイス！

専門家に依頼するときに1つ注意が必要なのは、「専門家も決して万能な存在ではない」ということです。専門家だからといってすべてに精通しているとは限りません。

たとえば、税務に関しては所得税、法人税、相続税など、細かく分野が分かれています。それら全体をまんべんなくおさえている税理士はおそらく存在しないでしょう。

事前に、どの分野を特に専門としているのかを確認し、そのうえで、自分が相談したい問題について詳しいと思われる専門家を選ぶようにしましょう。

用語 労務トラブル　従業員の労務管理を巡って起こるトラブル。給与や残業代の未払いトラブル、パワハラ、セクハラ、不当解雇の訴えなどがある。

専門家からのアドバイスを得られる公的なサポート

❶ 商工会・商工会議所

　金融・税制・法務に精通した商工会・商工会議所の経営指導員がさまざまな相談に無料で応じる。

　各種経営セミナー・講演会、税理士・公認会計士・弁護士による無料相談コーナー、年末調整や決算、申告手続などの記帳指導も適宜行われている。

❷ よろず支援拠点

　国が全国47都道府県に設置している経営相談所。中小企業診断士、税理士、弁護士などの経験豊富な専門家がさまざまな経営課題の相談に無料で応じる。

❸ 専門家派遣事業

　よろず支援拠点などを通じて、経営改善、技術開発、情報化など事業者の課題に合った専門家が3回まで無料で派遣される。

❹ 知財総合支援窓口

　全国47都道府県に設置している「知財総合支援窓口」の支援担当者が、知的財産に関する悩みや課題に対し、その場で解決を図るワンストップサービスを無料で提供している。

　専門性の高い課題などに対しては、窓口に専門家を配置し（弁理士週1回以上、弁護士月1回以上）、支援担当者と協働して解決が図られる。

メモ　商工会と商工会議所はどちらも中小企業などの支援事業を行っている点で共通するが、前者は主として町村区域、後者は市の区域に設けられているなどの違いがある。

⑥ 業種ごとの事業運営のコツ

経営セミナーや研修・講演会、業界専門の新聞・雑誌・サイトから事業運営に役立つヒントを得よう。

業界団体などのセミナーや研修を活用する

事業を運営する際のコツや注意すべきポイントは、業種によってそれぞれ異なります。自分の業種に関して、運営のポイントやノウハウなどを知りたければ、業界団体などが主催する経営セミナーや研修、講演会に参加してみるとよいでしょう。

たとえば、飲食店であれば、外食店舗を経営する企業や外食関連メーカーなどを会員とする一般社団法人日本フードサービス協会が、店舗マネジメントに関する研修などを実施しています。

同様のセミナー・研修は、各地の商工会議所や、日本政策金融公庫、経営コンサルタント会社などによっても行われています。

こうしたセミナー、研修に関する情報は、各種イベント情報を紹介する専門のサイトで、業種の名称と「セミナー」「研修」などのキーワードで検索するとスムーズに見つけられます。

また、各地の商工会議所によって主催されるセミナーなどについては、それぞれのサイトで開催日時が告知されているので、こまめにチェックしてみてください。

業界紙や業界誌で事業運営に役立つヒントを得る

さらに、業種によっては、業界専門の情報を取り扱った新聞や雑誌などがあります。そうした業界紙や業界誌から事業運営に役立つヒントや手掛かりを得られることもあるでしょう。

一例をあげると、小売業の場合であれば、月刊誌『商業界』が参考になります。同誌は、株式会社商業界が発行する小売流通専門誌で、スマートフォンを活用した店舗オペレーションの手法など、店舗経営にかかわるさまざまな最新トピックなどが、毎月、特集されています。

業界紙、業界誌の中には、紙面などで扱った情報の一部をポータルサイトにまとめて発信しているところもあります。各業界団体などのサイトでも経営に有益な知識・情報などが提供されていることがあります。多くは無料で入手できるので、ぜひ活用してみてください。

用語 経営コンサルタント会社　経営に関するさまざまなアドバイスをサービスとして提供する企業。大手では、船井総研やタナベ経営などが知られている。

飲食店

❶やはり立地が一番

飲食業は何といっても**場所が第一**です。そのため、ニーズにあった好立地の物件が見つかったら、迅速に動いて逃がさないことが大事です。

「少しでも安く借りたい」などと思って、保証料や賃料などの値切り交渉を持ちかけるようなことは避けるべきです。その間に、別の人に借りられてしまったら元も子もありません。

❷客を欺かない

"ハイボール1杯150円！"の看板を目にして「これは安い店だろう、1杯飲んでいこうか」と思って入ってみたら、2杯目からは通常の値段で、結局いつも行っている店より割高になってしまった、というような経験をすることがあります。

このような場合、客は「あの看板にだまされちゃったな、残念…」と思ったりするものです。この話では、看板に「最初の1杯は」という但し書きでもあれば問題なかったわけですが、あえて書かないとった**姑息な手段で"人を釣る"**ような発想は禁物です。客商売の基本は、「どうしたらお客様を心から満足させることができるのか」であることを忘れないようにしましょう。

❸常連だけが客ではない

飲食店にとって、頻繁に通ってくれる常連客はありがたい存在であるため、「常連は大事にしなければ」という発想になりがちです。しかし、そうした姿勢が、**常連以外の客**には不快に感じられることがあります。たとえば、店主と常連客だけが延々

と楽しそうに会話をしていると、疎外感や自分の存在が無視されているような思いを感じる客もいるでしょう。常連以外の客にもしっかりと心を配ることが大切です。

❹客は日本人だけではない

　現在、日本を観光で訪れる外国人旅行客の数は1年間で2,000万人を超えています。また、人手不足解消のために**外国人労働者**の数も、今後大きく増加することが見込まれています。これからの飲食店経営者にとっては、こうした外国人をどのように店に引き込むのかが、重要な課題となるでしょう。**英語や中国語のメニュー**を用意する、**特定の宗教に配慮した料理**を考えるなど、さまざまな工夫が考えられます。

小売店（実店舗）　運営のポイント・注意点

❶ここにしかないモノを売る

　目にする商品がどれも他店で見たことがあるような印象を与える品ぞろえでは、「ここで買わなくても、近所の〇〇で買えばいい」となるでしょう。ほかにはない魅力的な商品を店頭の目立つところに並べ、「このグッズは、**ここでしか手に入りません**」と意識的にアピールすることが大切です。

❷わくわく感を与える

　ネットで簡単にモノを買える時代に、わざわざ店に足を運んでもらうためには、特別な**付加価値**を提供することが必要になります。その1つとして考えられることが、"わくわ

く感"でしょう。たとえば、取り扱っている商品に関係した、誰もが楽しめるイベントを定期的に催せば、「あそこに行くとわくわくする。ぜひ、また行こう」という気持ちを引き起こすことができるかもしれません。

❸店員も扱っている商品のファンであることが必要

商品に関して何を聞いても、「よくわかりません」「店長に聞いてきます」などという答えしか返ってこないような店では客の買う気を失わせます。従業員には、日頃から店の**商品に対して興味・関心**をもってもらい、誠意ある接客を心がけるよう指導したいものです。

❹未来の客を獲得することを意識する

「○○はありますか？」と在庫を尋ねられた商品が、店では取り扱っておらず、今後の入荷の予定もない場合には、ただ「ありません」と答えるだけでなく、「その商品なら、**この近くの○○ショップに行けばありますよ**」などと有益な情報を教えてあげるとよいでしょう。そうした店側の対応に好感を抱いた客が、「この店にあるものはできるだけここで買うようにしよう」と思うようになるかもしれません。

ネットショップ　運営のポイント・注意点

❶まずはECモールから始める

商品やサービスを、独自運営のウェブサイトで販売するサイトのことを「**ECサイト**」と言います。ECとは electronic commerce（エレクトロニック・コマース＝電子商取引）の略です。

日本におけるECサイトの市場規模は急速に拡大しています。ネットショップの形としては、自前のEC

サイトを作るほかに、ＥＣモールに出店するという選択肢があります。

ＥＣモールは複数のショップが集まったインターネット上のショッピングモール（仮想商店街）であり、楽天市場、Yahoo! ショッピング、Amazon などが有名です。

自前のＥＣサイトは、自社の商品・サービスに合わせてカスタマイズできる点が魅力です。ただし、コストがかかり、運用を任せる人材を確保することも必要です。

ＥＣモールは、自前のＥＣサイトのように独自の出店形態にはなりませんが、初めから**高い集客力**が見込めるのが大きなメリットです。出店料などのコストはかかりますが、最初はＥＣモールからスタートするのが無難でしょう。ＥＣモールでショップの**知名度を高め**てから、自前のサイトにシフトすることを検討しても遅くありません。

❷商品写真は自信がなければ　プロに頼む

実物を目にできないネットショップでは、サイトに掲載されている写真が商品の購入を検討する際の最も重要な判断材料となります。そのため、写真のクオリティには最大限の注意を払うべきでしょう。

撮影技術に自信がないのであれば、**プロのカメラマン**に依頼するのも１つの手です。

❸ＳＥＯ対策は　時代・時代で変化する

ショップに客を導くためには、**グーグル**などの検索エンジンで関連キーワードが検索されたときに、店の名前が上位に出てくるような対策（ＳＥＯ対策）を講じることも必要です。ＳＥＯ対策は時代・時代で変化します。検索キーワードに「ＳＥＯ対策」と入力し、上位にくるサイトはＳＥＯ対策が成功しているので、そうしたサイトで**最新動向**を確認することがポイントです。

❹ＳＮＳを活用して　商品の情報を広める

ネットショップで成功するためには、ＳＮＳの活用も重要なカギになります。たとえば、店で扱っている商品の情報を**ツイッター**などで広めてもらうためには、「商品に関するユニークな**エピソード**を盛り込む」「その商品を自分も利用していたら評価・感想を記す」など、読む者の興味をひくような中身にする工夫が必要です。

フリーランス（イラストレーター、カメラマン、ライター、プログラマーなど） 運営のポイント・注意点

❶**これまでの実績をまとめておく**

　フリーランスとして確実に売上をあげていくためには、営業を行い、新規の取引先を増やしていくことが必要になります。営業活動の際には、これまでの実績や成果を説明することになるので、自分の**過去の作品**をきちんとまとめておき、**タブレット**などを使って相手にすぐに見せられるようにしておくとよいでしょう。

❷**報酬はしっかりと確認する**

　業種などにもよりますが、フリーランスの世界では、報酬の額がはっきりと示されないことがあります。「おそらく適切な金額を払ってくれるだろう」と思って仕事を引き受け、後で作業量に見合わない低額の報酬を提示されて困惑した、といったことにならないためにも、報酬の額については**事前にしっかりと確認**するようにしましょう。

❸**断る勇気をもつ**

　フリーランスになって初めの頃は、「断ったら、二度と声をかけてもらえないかもしれない」という不安や心配があるため、きた注文には

すべて応じようと思うかもしれません。しかし、**無計画**に引き受けてしまうと、仕事が中途半端になったり、約束した**納品日**を守れなくなる危険があります。「これ以上は無理」と思ったら、断る勇気も必要です。

❹**不慣れな分野にチャレンジする**

　得意な分野の仕事ばかりをしていると、時代の流れの中でその分野に対する一般のニーズや関心が低下したときに依頼が**大きく減少する**リスクがあります。

　ときには、苦手に感じている分野、不慣れな分野にもあえてトライして、**対応できる範囲**を意識的に広げていくよう努めましょう。

3章

事業運営のポイント

不動産賃貸業 （運営のポイント・注意点）

❶運用する物件を将来どうするのかを考える

不動産賃貸業の事業戦略は、運用する物件を将来的に**売却**するのか、それとも**保有**し続けるのかによって変わってきます。売却を前提としているのであれば、物件の**市場価値**を常に意識しておき、どのようなタイミングで売るのかを考えておかなければなりません。

❷相続を見越した節税対策が必要になることも

地主として先祖代々、土地を持ち続けてきたような場合には、相続を見越した**節税対策**が必要です。独力で対策を考えることが難しい場合には、相続税に詳しい税理士に相談するとよいでしょう。

❸物件を購入する場合は実質利回りを見る

物件の**収益力**を判断する場合には、表面利回りではなく**実質利回り**をみることが大切になります。実質利回りは、物件価格だけでなく各種**管理費**や**税金**などの維持費も含めて利回りを求めます。そのため、表面利回りよりも、収益力をより正しく示しているといえます。

❹サブリースには要注意

不動産管理業者が物件をオーナーから一括して借り上げ、転貸を行うというサブリースでは、通常、管理業者が一定額の家賃をオーナーに必ず支払うことを約束する**家賃保証**が行われます。

サブリースは、空室リスクを軽減できるため、オーナーにとって非常に魅力的な運用手法にみえますが、近時、家賃保証が守られない**トラブルが頻発**しているので、契約を結ぶ際には、業者の信用性をしっかりとチェックするようにしましょう。

4章

経理・決算にトライする

事業で確実に利益をあげるためには、経理の仕事を適切に行うことが不可欠。経理の中身を知って、確定申告につながる決算書の作成を身につけよう！

① 経理の基礎を知る

経理作業の中で最も重要となるのは帳簿の記帳。帳簿の作成方法には単式簿記と複式簿記があり、節税メリットを考えると複式簿記が望ましい。

経理とは何か

事業活動の中では、日々、何らかの形でお金のやりとりが発生することになります。そうしたお金の動きを記録し、管理する作業が「経理」です。事業で確実に利益をあげるためには、経理の仕事を適切に行うことが不可欠です。

経理作業には、まず、支払いや入金のための現金の出し入れ、伝票の作成、帳簿の記帳（作成）といった毎日行う仕事があります。

また、給与計算、取引先への請求書の発行、源泉所得税の納付、入金管理など毎月行われるものがあります。さらに、決算書の作成や確定申告など年単位で行う作業もあります。

経理作業の中心は帳簿の作成

こうした経理作業の中で最も重要となるのは帳簿の記帳です。取引によって生じたお金や商品の流れを記録する帳簿が正確に作成されていないと、事業の状況を正しく把握することが困難になるからです。

帳簿は、主要簿と補助簿に分けられ

ます。主要簿には仕訳帳と総勘定元帳が、補助簿には現金出納帳、経費帳、預金出納帳、売掛帳、買掛帳、固定資産台帳などがあります。

また、帳簿の記帳は伝票をもとに行われます。伝票とは日々の取引や業務で起こるお金の入出金について記録する文書です。具体的には、入金伝票、出金伝票、振替伝票、売上伝票、仕入伝票などがあります。

帳簿の作成方法には単式簿記と複式簿記がある

帳簿の作成方法を簿記といい、「単式簿記」と「複式簿記」の2種類があります。単式簿記は現金の収支など基本的な取引内容だけを記録するので、作成の手続きやルールがシンプルです。一方、複式簿記は取引内容の実態をより正確に反映することを目的としているため、複雑な仕組みとなっています。

青色申告をする場合、複式簿記では最大65万円、単式簿記では最大10万円の控除を受けることができます。節税メリットを考えると、複式簿記が望ましいといえます。

用語 **源泉所得税** 給与や報酬などが支払われる際に、源泉徴収（天引き）される所得税。事業主が徴収して納付する。

単式簿記・複式簿記と主な伝票・帳簿

■ 単式簿記と複式簿記

単式簿記 記帳を現金の収入・支出として一面的に行う。

複式簿記 記帳を借方と貸方に分けて二面的に行う。

例 現金150万円で自動車を1台購入した場合

（単式簿記）現金支出150万円を記帳するだけ
（複式簿記）現金支出とともに資産増を記帳する

資産の増加	資産の減少
（借方）車両 150 万円	（貸方）現金 150 万円

■ 伝票と帳簿の種類

伝 票		入金伝票	現金の入金を記入
		出金伝票	現金の出金を記入
		振替伝票	現金以外の取引を記入
		売上伝票	売上取引を記入
		仕入伝票	仕入取引を記入
帳 簿	主要簿	仕訳帳	すべての取引を日付ごとに「借方」と「貸方」に分けて記入するもの
		総勘定元帳	仕訳帳に記録した取引を、勘定科目ごとにまとめて記入するもの
	補助簿	現金出納帳	日々の現金の出入を記入
		経費帳	仕入以外の経費について記入
		預金出納帳	預金口座の入出金を記入
		売掛帳	商品などの掛売りや売掛金の回収の状況を記入
		買掛帳	商品などの掛買いや買掛金の支払いの状況を記入
		固定資産台帳	固定資産の取得や資産額などを記入

メモ 簿記の技能を検定する試験として「日商簿記検定」がある。日本商工会議所や各地商工会議所が実施しており、初級、3級、2級、1級の4つに分かれている。

② 経費の中身を知る

経費を適切にコントロールするためには、毎月、必ず一定額が出ていく固定費をどれだけ削減できるかが大きなポイントとなる。

経費は売上を上げるために必要となる費用

経理作業の中では、多くの場合、金銭の支出が「経費」として処理されるはずです。経費とは、売上をあげるために必要となる費用のことであり、事務所の水道光熱費や電話代、月々の家賃などがその具体例です。

経費は、一般に「勘定科目」と呼ばれる取引の種類に応じた科目ごとに分類されます。たとえば、右ページの表に示したように「接待交際費」「荷造運賃」「消耗品費」「旅費交通費」など、性質の類似した取引の単位でまとめられて細かく分けられています。

もっとも、これらの名称の使用は法律などで義務づけられているわけではありません。したがって、よりわかりやすい区分の仕方などがあれば、そちらを利用してみてもよいでしょう。

経費には変動費と固定費がある

事業の利益は、売上から経費を差し引くことによってもたらされることになり

ます。そのため、少しでも多くの利益を得るためには、経費をどれだけ減らせるか、つまりは経費削減の取り組みを行うことが重要となります。

そうした経費削減の取り組みを試みる際には、経費を「変動費」と「固定費」の2種類に分けて把握するとよいでしょう。

変動費は、原材料費、外注費、販売手数料など売上に比例する形で増減する費用です。一方、固定費は変動費以外のもので、具体例としては家賃、人件費、支払利息などがあげられます。

経費を適切にコントロールするためには、毎月、必ず一定額が出ていく固定費をどれだけ削減できるかが大きなポイントとなります。

ここが重要!

税務上、課税の対象となる所得は、総収入金額から経費を引くことによって導き出されます。つまり、経費が多ければ所得が少なくなり、その結果、税負担の軽減につながることが期待できるというわけです。

用語　支払利息　銀行や取引先などからの借入金を返済するときや、企業が発行した社債などに関して支払う利息のこと。

青色申告で認められている主な経費

項目	具体例
給与賃金	従業員に支払う給料、諸手当、退職金、食事や被服などの現物給与
専従者給与	青色事業専従者に支払う給与
福利厚生費	従業員の慰安、医療、衛生、保健などのために支出する費用
法定福利費	従業員の健康保険、厚生年金、雇用保険などの保険料や掛金
地代家賃	事務所や店舗、工場、倉庫などの地代・賃借料や使用料
水道光熱費	水道料、電気代、ガス代、灯油などの購入費
旅費交通費	電車賃・バス代・タクシー代などの移動費、宿泊代
通信費	電話料・ファックス代、はがき・切手代、インターネット料金、電報料
消耗品費	①文房具や紙類、ガソリンなどの消耗品購入費 ②使用可能期間が1年未満または10万円未満の什器備品の購入費
荷造運賃	商品や郵便物の梱包や配送料
広告宣伝費	①新聞、雑誌、ラジオ、テレビ、インターネットなどの広告費用、チラシ、折込み広告費用、②広告用名入りの試供品(カレンダー、うちわなど)の費用、③ショーウインドウの陳列装飾のための費用
接待交際費	支出の理由などからみて、事業を営むうえで必要な接待費用、交際費用
損害保険料	火災保険料、損害保険料など
利子割引料	借入金の利子や受取手形の割引料など
外注工賃	工事・修理・加工など、外部の業者に注文して支払う費用
修繕費	建物、自動車、器具備品などの修理代
減価償却費	建物、自動車、器具備品などの償却費
繰延資産の償却費	開業費や開発費、共同的施設の負担金、建物を賃借するための権利金などの償却費
貸倒金	売掛金、受取手形、貸付金などの貸倒損失
固定資産等の損失	事業用の固定資産、繰延資産の施設の取壊しや災害などによる滅失の場合の損失
租税公課	①税込経理方式による消費税などの納付額、個人事業税、固定資産税、自動車税、不動産取得税、登録免許税、印紙税などの税金、②商工会議所や協同組合、商店会などの会費・組合費
雑費	他の経費に当てはまらない費用

4 章

経理・決算にトライする

メモ 給与賃金を経費として計上し、帳簿に記録する場合には、源泉徴収額を差し引く前の金額を記入すること。

③ 帳簿を作成する

複式簿記で作成が必要となる総勘定元帳や仕訳帳は少し複雑なので、まずは単式簿記の帳簿の仕組みや作成方法を理解しておこう。

まずは単式簿記の帳簿の仕組みを理解する

先に触れた通り、青色申告の特典を最大限に活用するためには、複式簿記の形で帳簿の記帳を行うことが求められます。

しかし、複式簿記で作成が必要となる総勘定元帳や仕訳帳は、少し複雑な仕組みになっているので、経理の初心者には難しく感じられるかもしれません。帳簿の基本的な記載方法を知るために、まずは単式簿記の帳簿の仕組みや作成方法を理解しておきましょう。

単式簿記は小遣い帳のようなもの

前述のように、単式簿記は比較的シンプルな仕組みとなっています。

いわば家計簿や小遣い帳のイメージであり、基本的には発生した取引ごとに入ってきた金額や出ていった金額など1つの情報を記録するだけです。

取引の量が少なく、集計にあまり手間がかからない段階では、単式簿記で十分こと足りるでしょう。

単式簿記では、主として①現金出納帳、②経費帳、③預金出納帳、④売掛帳、⑤買掛帳、⑥固定資産台帳を使用します。このうち①と②は作成が必須となりますが、③から⑥は必要に応じて用意することになります。

個人事業で一般的に使われる①から⑤の作成方法について、117～119ページにまとめておきましたので参考にしてみてください。

アドバイス！

帳簿に毎日数字を記録し、計算を行う作業は、結構な手間と時間を要します。作業の合理化を少しでも図りたいのであれば、会計ソフトの活用も選択肢の1つとなるでしょう。会計ソフトは、入金や出金などのデータを打ち込めば計算・集計を即座に自動的に行ってくれるので非常に便利です。

ソフトのほとんどは単式簿記・複式簿記に対応しており、簿記の知識が不十分でも、必要な帳簿をスムーズに作成することができます。

用語 **会計ソフト** 決算業務や原価計算などの会計業務に関するデータの記録や処理を行うアプリケーションソフト。「経理ソフト」ともいう。

現金出納帳・預金出納帳

■ 現金出納帳

❶月日を入れる。現金の入出金があるたびに、繰り返し記入する。

❷相手先や取引内容を記す。

❶

❷

月	日	摘　　要	収入金額	支払金額	差引残高
1	1	前年より繰越			203,400
	4	ノート　○○文具店		160	203,240
	6	現金小売	2,000		205,240
	6	預金引出　○銀行○支店普通預金	50,000		255,240
	7	切手代（120円×5枚）		600	254,640
	8	乾電池　○○商店		400	254,240
		⋮	❸	❹	❺

❸入金額を記入する。　❺残高を記入する。
❹出金額を記入する。

■ 預金出納帳

❶月日を入れる。預金口座に入出金があるたびに、繰り返し記入する。

❷相手先や取引内容を記す。

❶

❷

月	日	摘　　要	収入金額	支払金額	差引残高
1	1	前年より繰越			600,700
	6	預金引出　○銀行○支店普通預金		50,000	550,700
	25	従業員給料支払		215,000	335,700
	28	水道代		6,850	328,850
	30	○○舎　掛代金回収	100,000		428,850
	31	○○商事　掛代金回収	50,000		478,850
		⋮	❸	❹	❺

❸入金額を記入する。　❺残高を記入する。
❹出金額を記入する。

メモ　もし単式簿記でこと足りるような小さな商いであれば、たとえ複式簿記を導入しても複雑な取引は多くないはず。節税など将来のこと考えれば、早い段階で複式簿記の導入を検討しよう。

売掛帳・買掛帳

❶相手方の名称、連絡先（住所など）を記載。

❷前ページの「現金出納帳・預金出納帳」同様、月日、品名（取引内容）を記入する。

売掛帳

❶
○○商店
東京都○○区○○ 2-3-45　電話○○○

月	日	❷品　　名	数量	単価	売上金額	受入金額	❺差引残高
1	1	前年より繰越			❸	❹	210,000
	16	A商品	15	1,000	15,000		225,000
	17	B商品	10	3,000	30,000		255,000
.	18	返品　A商品	△3	△2,000	△6,000		249,000
	31	振込入金（12月分）				40,000	209,000

❸売掛金（売上金額）の額を記入する。返品はマイナス△で表す。

❹回収した売掛金の額を記入する。

❺売掛金から回収金を差し引いた残高を記入する。

:

売掛帳

○○企画
横浜市○○区○○ 3-4-56　電話○○○

月	日	品　　名	数
1	1	前年より繰越	

●売掛帳は、**取引先**ごとに分けて作成する
●売掛金は、**掛取引**（取引先が後日払う）の明細なので、入金があったとき「差引残高」は減る→**売掛金が回収された**

:

❶相手方の名称、連絡先（住所など）を記載。

❷売掛帳簿同様、月日、品名（取引内容）を記入する。

買掛帳

❶
○○商事
東京都○○区○○ 4-5-67　電話○○○

月	日	❷品　　名	数量	単価	仕入金額	支払金額	❺差引残高
1	1	前年より繰越			❸	❹	100,000
	15	A商品	5	800	4,000		104,000
	17	B商品	15	2,000	30,000		134,000
	20	返品　A商品	△3	△800	△2,400		131,600
	25	振込入金（12月分）				30,000	101,600

❸買掛金（仕入金額）の額を記入する。返品はマイナス△で表す。

❹支払金の額を記入する。

❺買掛金から支払金を差し引いた残高を記入する。

:

買掛帳

○○屋
さいたま市○○区○○ 6-7-89　電話○○○

月	日	品　　名	数
1	1	前年より繰越	

●買掛金は、**取引先**ごとに分けて作成する
●買掛金は、**掛取引**（取引先へ後日払う）の明細なので、支払いをしたとき「差引残高」は減る→**買掛金が消滅した**

:

経費帳

> ❶勘定科目ごとに項目を立てる。
> ほとんど使わない科目は、「雑費」にまとめてもOK。

地代家賃 ❶

月	日	摘　　要	金　　額
5	25	家賃　6月分	100,000
		⋮	

> ❷項目（勘定科目）に該当する経費が発生するたびに、繰り返し記入していく。

水道光熱費

❷

月	日	摘　　要	金　　額
5	10	電気代　4月分　口座振替　○○電力	28,200
	28	ガス代　4月分　口座振替　○○ガス	8,200
	30	水道代　3・4月分　口座振替　○○水道局	11,480
		⋮	

通信費

月	日	摘　　要	金　　額
5	10	切手（@140円×10枚）　○○郵便局	1,400
	18	インターネット（プロバイダ）料金　口座振替	3,700
	31	電話代　4月分　口座振替	20,820
		⋮	

> ❸何に使ったのかを具体的に記入する。

> ❹支払金額を記入する。

消耗品費

月	日	❸摘　　要	金　　額 ❹
5	1	大学ノート（2冊）　○○文具店	360
	3	ティッシュ（1セット）　○○スーパー	350
	10	ボールペン（赤・青各1本）　○○マート	220
	11	ガソリン代　○○商事	3,850
	15	掛け時計（店内用）　○○屋	2,400
		⋮	

④ 従業員の給与を計算する

給与を払う場合は税務署へ「給与支払事務所等の開設届出書」（66ページ参照）などを提出する必要がある。

給与計算はミスが許されない

従業員を雇っている場合には、毎月の経理作業として従業員の給与を計算することも必要になります。

給与計算は従業員の生活そのものに直接かかわることから、基本的にミスが許されません。詳しい計算方法などは、専門書などを使ってしっかりと理解することが大切です。

給与計算の大まかな作業の流れを右ページに示しました。このうち、⑤の給与明細書とは、給与の内訳を記したものです。その控えを保管しておくことが必要となるので、手書きで作成する場合には、市販されている複写式のものを用いるとよいでしょう。また、⑥の賃金台帳とは、各従業員の給与支給額、源泉所得税、社会保険料などを月ごとに記録しておくものです。労働基準法により、3年間の保管が義務づけられています。

給与計算は、社会保険料の算定など細かな作業が少なくありません。あわてて間違えないよう、余裕をもって丁寧に行いましょう。

また、万全を期すのであれば、社会保険労務士などの専門家に外注するのも1つの選択肢です。

給与を払う場合は税務署への届出が必要

従業員に給与を支払うことになったときに求められる公的な手続きについても触れておきましょう。

まず、必要となるのは「給与支払事務所等の開設届出書」（66ページ参照）を税務署に提出することです。この届出が必要なのは、従業員の給与については、事業主が所得税分を天引きして納税する源泉徴収を行わなければならないからです。

また、その際には、「源泉所得税の納期の特例の承認に関する申請書」（67ページ）もあわせて提出しましょう。

この届出を行うことにより、本来は源泉徴収した所得税を、翌月10日までに納付しなければならないのが、半年に1回、まとめて行えるようになります。つまり、面倒な納税の手間と時間が大きく軽減されることになるわけですから、使わない手はありません。

用語 社会保険料　健康保険、厚生年金保険など各種の社会保険に対して、事業主や従業員などが負担する費用のこと。

給与計算の流れ

❶ 勤務時間の集計

締日にタイムカードや出勤簿を締めて、各従業員の1か月の勤務時間を集計する。

▼

❷ 割増賃金の計算

時間外労働、休日出勤などの割増賃金を計算して総支給額を決める。

▼

❸ 社会保険料などの算出

社会保険料(健康保険料、厚生年金保険料)、雇用保険料を算出する。

▼

❹ 差引支払額を計算

総支給額から③の社会保険料などのほか、所得税、住民税などを控除して、差引支払額を決定する。

▼

❺ 明細書の作成

給与明細書を作成する。

▼

❻ 賃金台帳に記載

賃金台帳に明細を記載する。

▼

❼ 支払い

支払額を準備して、支払日に支払う。

メモ　時間外労働、休日労働、深夜労働をさせた場合には、割増賃金を支払わなければならない。割増率は法律で定められている。

⑤ 資金繰り表を作成する

資金繰りを行う際には、どれだけの現金が入り、出ていったのかを記録する「資金繰り表」を利用する。資金繰り表は1年のスパンで作成する。

黒字倒産にならないためには資金繰りが必要

「黒字倒産」という言葉をご存知でしょうか。帳簿上は利益がしっかりと出ている黒字の状態であるのにもかかわらず、事業が倒産に追い込まれてしまうことです。

こうした事態が起こるのは、黒字であっても、手元に十分な現預金がなければ、支払うべきものが支払えなくなってしまい、その結果として、市場からの信頼を失い、事業を続けることが困難な状況になってしまうためです。

このような黒字倒産にならないためには、資金繰りに最大限の注意を払うことが必要になります。

資金繰りとは、現金の出入り（収支）をチェックして、事業資金が不足しないようにコントロールすることです。

一般に資金不足は、売上の回収と支払いのバランスが崩れることによってもたらされます。運転資金を常に確保するために、資金繰りの作業を通じて両者のバランスを保つための取り組みが求められます。

資金繰り表は1年のスパンで作成する

資金繰りを行う際には、どれだけの現金が入り、出ていったのかを記録する「資金繰り表」を利用します。決まった作成方法があるわけではありませんが、右ページにあげた例にも示されているように、①収入、②支出、③財務収支、④予算、⑤実績などの項目から構成されるのが一般的です。

まず、①収入の項目には、現金売上、売掛金の回収、受取手形の入金など、入ってくるお金を記入します。一方、②支出には、現金仕入、買掛金の支払い、支払手形の決済など、出て行くお金をまとめます。さらに、③財務収支には、調達あるいは返済した借入金の額を記入します。

④予算の項目には、項目ごとに将来の見積もりの数値を、⑤実績には実際に出入りした現金の金額を記載します。

資金繰り表は少なくとも1年のスパンで作成しましょう。そして表を作ったら毎月チェックして、資金が不足しそうなときには、早急に対策を講じましょう。

用語　手形　将来決まった期日に証券上に記載された金額を支払うことを約束する証券。振出人と受取人の二者がかかわる約束手形と、振出人、受取人、支払人の三者がかかわる為替手形がある。

黒字倒産と資金繰り表

■黒字倒産

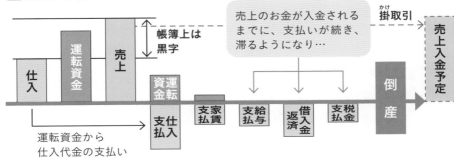

売上のお金が入金されるまでに、支払いが続き、滞るようになり…

掛取引_{かけ}

帳簿上は黒字

運転資金から仕入代金の支払い

■資金繰り表の様式例

		年　月		年　月		年　月	
		予算	実績	予算	実績	予算	実績
前月繰越金							
収入	現金売上						
	売掛金の回収						
	受取手形入金						
	前受金の入金						
	その他の入金						
	収入計						
支出	現金仕入						
	買掛金の支払い						
	手形決済						
	未払金の支払い						
	人件費の支払い						
	その他の支払い						
	支出計						
差引過不足							
財務収支	収入 短期借入金						
	長期借入金						
	支出 短期借入金返済						
	長期借入金返済						
	財務収支計						
翌月繰越金							

入ってきたお金（実入り）について、項目ごとに記入する。

月ごとに予算を決め、実績を記入していく。

手元から支払ったお金の明細を記入する（引き落としなどを含む）。

「翌月繰越金」の額を、次の月の「前月繰越」の額に転記する。

借入がある場合に、借入金の収支を記入する。

4章 経理・決算にトライする

メモ　商品の引渡し時には代金を支払わず、決められた期日までに後日払いを行うことを「掛取引（信用取引）」という。売掛金、買掛金など。

123

⑥ 決算とは何か

個人事業では事業年度が1月1日から12月31日までと決められており、12月31日を決算日とすることが定められている。

決算で1年間の事業成績を明らかにする

年間を通じて取り組んできた経理作業の集大成となるのが決算です。

決算とは、事業年度の事業成績や資産状態を明らかにする作業です。具体的には1年間の利益もしくは損失、年度末における資産と負債の額などが確定されます。また、事業からあげた売上や利益などの収支の集計を締める日、つまりは帳簿を締める日を決算日といいます。

個人事業では事業年度が1月1日から12月31日までと決められており、12月31日を決算日とすることが定められています。ちなみに、企業は事業年度を自由に決めることができるので、決算日もまちまちです。

決算は決算書にまとめられる

決算の結果は決算書にまとめられます。決算書は「財務諸表」「計算書類」などとも呼ばれることもありますが、法律上の呼び名の違いにすぎません。たとえば、「計算書類」は商法上の決算書の呼称です。

会社が決算書を作成した場合には、その内容を公示することが求められていますが、個人事業の場合には、そうしたことはありません。

中間決算、四半期決算も検討する

事業年度末に毎年行われる決算は、「年次決算（本決算）」とも呼ばれています。ほかにも、半年ごとに行われる「中間決算（半期決算）」、3か月ごとに行われる「四半期決算」、さらに毎月行われる「月次決算」もあります。

中間決算と四半期決算については、その実施が上場企業に義務づけられています。

個人事業の場合には、そのどちらも行う必要はありません。しかし、会社の資産状況などをチェックする機会はできるだけ多いほうが望ましいでしょう。そうすることで、事業経営上の問題に早期に気づくことが期待できるからです。

中間決算や四半期決算に関しては、余力があれば取り組んでみてもよいかもしれません。

用語 事業年度　収入・支出を整理して事業の成績や財務状態を明らかにするために、始期日と終了日を定めて設けられた一定の期間のこと。

年次決算、中間決算、四半期決算、月次決算のイメージ

| 1月 | 月次決算 ▶ | 毎月の事業成績や資産状態を明らかにするために月々に行う決算。 |

個人事業は、1月から始まります！

| 2月 | 月次決算 |

| 3月 | 四半期決算 ▶ | 1年を四期に分けて3か月に1回行う決算（1〜3月分）。3月の**月次決算**も同時に行う。 |

個人事業で行わなければならないのは12月の年次決算だけ。

| 4月 | 月次決算 |

| 5月 | 月次決算 |

| 6月 | 中間決算 ▶ | 1〜6月の半年間の事業成績や資産状態を明らかにするために行われる決算。6月の**月次決算**も同時に行う。 |

上場企業などは、四半期決算や中間決算が義務づけられてるのね。

| 7月 | 月次決算 |

| 8月 | 月次決算 |

| 9月 | 四半期決算 ▶ | 7〜9月の四半期決算（および1〜9月の累計）。9月の**月次決算**も同時に行う。 |

事業の現状を正確に把握するためにも、中間決算や四半期決算に取り組んでみましょう。

| 10月 | 月次決算 |

| 11月 | 月次決算 |

| 12月 | 年次決算 ▶ | 1年間の事業成績や資産状態を明らかにするために行う**本決算**。12月の**月次決算**も同時に行う。 |

確定申告へ

5章−④〜⑥
（152〜163ページ）

メモ　会社がまとめた決算を公示することを「決算公告」という。公告方法としては、官報や日刊紙、自社の　*125*
ホームページへの掲載などが認められている。

⑦ 決算を行う

試算表で1年間の帳簿の確認を行い、決算整理で帳簿の数字を調整し、その結果をふまえて決算書を作成する。

試算表を使い帳簿の検証を行う

決算をまとめる作業では、まず1年間、作成してきた帳簿の確認などを行います。たとえば、数字の記載ミスや計算間違いはないか、売掛金、買掛金の残高は正しいかなどといったことをチェックします。

この帳簿の検証作業では、通常、試算表が利用されます。試算表とは、仕訳帳や伝票から総勘定元帳（112ページ参照）に転記した数字の正確性を検証するするための検算表です。数字の漏れや間違いなどがあれば、修正を行ったうえで、1年分の売上高、仕入高、経費などがまとめられます。

ここまでの準備作業を終えたら、続いて、決算整理と呼ばれるステップに進みます。

決算整理で帳簿の数字を調整する

決算整理とは、事業年度の実態にあわせて帳簿上の数字を調整していく作業です。

主な決算整理事項としては、以下のようなものがあげられます。

❶ 棚卸資産の評価
❷ 減価償却費の計上
❸ 貸倒金と貸倒引当金の計上
❹ 未払金の処理
❺ 売掛金・買掛金の処理

①棚卸資産の評価とは、販売目的で仕入れた商品などの在庫について、一定の方法でその資産額を計算することです（右ページ参照）。②については次項で詳しく解説します。③の貸倒金とは、売掛金や貸付金などが取引先の倒産などによって回収不能となった場合の損失金額です。また貸倒引当金とは、回収不能が見込まれている金額のことです。売掛金や貸付金は、その債権残高に対して一定率の額を経費として計上できます。④は決算日現在では未払いとなっているが、商品やサービスの提供を受けているものについて本年度中の経費として計上する作業です。⑤は売掛金・買掛金についてそれぞれ本年度の売上・仕入として計上します。

これらの決算整理をふまえて、決算書類を作成します。

用語　原価法　棚卸資産の原価をベースに評価を行う方法。先入先出法、総平均法、移動平均法など、複数の評価方法がある（右ページ参照）。

決算の流れと棚卸資産の評価方法

■ 決算の流れ

帳簿の確認

［チェック項目］
- 売掛金、買掛金などの残高
- 計算間違い
- 数字の記載ミス

試算表を用いる

決算整理

❶ 棚卸資産の評価
❷ 減価償却費の計上
❸ 貸倒金と貸倒引当金の計上
❹ 未払金の処理
❺ 売掛金・買掛金の処理

決算書類作成

■ 棚卸資産の評価方法

棚卸資産の評価方法には原価法と低価法があり、前者は以下のようにさらに細かく分かれる。

原価法	個別法	個々の取得価額に基づいて棚卸資産を評価する方法 ▶単品管理をするため計算が大変で、商品や製品が少数の場合にしか利用できない
	先入先出法	先に仕入れたものから先に払い出しが行われたものと考えて評価する方法 ▶物価変動時にも期末棚卸資産の額が時価に近くなるが、物価水準が一定なのに費用・収益が対応しないことがある
	総平均法	一定期間に受け入れた棚卸資産の平均単価に基づいて評価する方法 ▶計算は簡単だが、算定する期間を経過するまで、その期間の「平均原価」を算定できない
	移動平均法	仕入のたびに、算出した「平均単価」をもとに評価する方法 ▶総平均法と違い、随時「平均単価」がわかる反面、計算が大変
	売価還元法	棚卸資産の売価に一定の原価率を乗じて評価する方法 ▶小売業など、取り扱う商品が極めて多い業種に適用される。原価率の算定などには恣意性が入るおそれがある
	最終仕入原価法	期末に最も近い時期の仕入単価に基づいて評価する方法 ▶会計基準では例外的に認められている方法だが、計算が簡単なため多くの中小企業で採用されている（税法で認めている）
低価法		原価法のいずれかの評価方法で計算した評価額と、期末時点での時価とを比較し、低いほうの評価額を選ぶ方法 ▶商品の品質低下や陳腐化のリスクが発生した年には節税効果がある

メモ 棚卸資産の評価方法のうちどの方法で評価するかは、事前に決めて、税務署に届け出ることが必要（届け出がない場合は、法定評価である「最終仕入原価法」となる。

⑧ 減価償却費の ポイントを知る

減価償却費の計算は定額法と定率法のどちらで計算するのかを選ぶことができ、賢く選択すれば税金の負担を減らせる。

減価償却費の計上とは

決算整理を行う際に、わかりにくく感じるのが「減価償却費」の計算かもしれません。減価償却とは、減価償却資産の経費処理のことです。

建物や自動車などのように、時の経過とともにその価値が下がっていく資産を減価償却資産といいます。この減価償却資産の取得に要した費用は、一定のルールに従がって、1年目、2年目、3年目……と何年かに分けて、分割した形で経費として計上していきます（減価償却）。その経費のことを「減価償却費」といいます。

減価償却には 2つの方法がある

減価償却費を計上する年数は、対象資産の種類ごとに定められている「法定耐用年数」を基準にして決めます。たとえば、コピー機は最大5年間、計上することが可能です。

また、減価償却の方法としては、以下のように①定額法と②定率法の2つがあります。

①定額法 毎年一定額を計上する方法。

②定率法 最初の年は計上する額を多くし、その後次第に少なくしていく方法（定率法を選択できない資産もある）。

賢く使えば 税金の負担を減らせる

定率法で計算する場合には、あらかじめ申請を出して許可をとる必要があるため、個人事業の場合、多くは定額法を選択します（61ページ参照）。

もし開業当初の売上が多く、後で少なくなっていくことが予想されるのであれば、定率法を選ぶことが適切かもしれません。定額法を選ぶ場合よりも、1年目は経費を多くすることが可能なので開業当初の税金の負担を軽減できます。また、建物のように定額法しか選べないものもありますが、基本的に資産それぞれについて、どちらにするのかを選択することが認められています。

さらに、青色申告の場合には、30万円未満の減価償却資産であれば、その費用を全額、取得した年の経費として計上することも可能です。

用語 **法定耐用年数** 税法で定められている、個々の減価償却資産が利用に耐える年数。適宜、見直され、改正が行われている。

主な固定資産の法定耐用年数

資 産	細 目	法定耐用年数
建物（鉄骨鉄筋コンクリート造、鉄筋コンクリート造）	事務所用	50年
	店舗用	39年
建物（木造、合成樹脂造）	事務所用	24年
	店舗用	22年
事務機器・通信機器	パソコン（サーバ用のものを除く）	4年
	プリンタ	5年
	コピー機	5年
	ファクシミリ	5年
家具、電気・ガス機器など	事務机、事務いす、キャビネット（金属製）	15年
	事務机、事務いす、キャビネット（金属製以外）	8年
	応接セット（接客業用のもの）	5年
	応接セット（接客業以外のもの）	8年
	冷房用・暖房用機器	6年
	テレビ・ラジオ・テープレコーダーなどの音響機器	5年
自動車（二輪・三輪を除く）	小型車（総排気量0.66リットル以下のもの）	4年
	ダンプ式貨物自動車	4年
	その他の一般乗用車	6年

※自動車は、運送業・タクシーなどでは法定耐用年数が別に定められている。

例 2022年1月に20万円のパソコンを買って1月に使い始めた場合の1年目の償却費
（耐用年数4年の定額法の償却率：0.25、定率法の償却率：0.500、定率法の改定償却率：1.000、定率法の保証率：0.12499）

定額法

償却限度額 ＝ 取得価額 × 定額法の償却率 × $\dfrac{使った月数}{12}$

＝ 200,000 × 0.25 × $\dfrac{12}{12}$ = 50,000

定率法

調整前償却額 ＝ 期首帳簿価額×定率法の償却率 ＝ 200,000 × 0.500 ＝ 100,000
償却保証額 ＝ 取得価額×耐用年数に応じた保証率 ＝ 200,000 × 0.12499 ＝ 29,980
調整前償却額≧償却保証額なので、償却限度額＝調整前償却額 ＝ 100,000
（調整前償却額＜償却保証額の場合は、償却限度額＝改定取得価額×改定償却率）

メモ 減価償却費の計算で、定率法を選ぶ場合は、事前に税務署に届け出ることが必要（届出がない場合は、「定額法」となる）。

⑨ 決算書の基礎を知る

個人事業で作成が求められる決算書は、青色申告の際に必要となる貸借対照表と損益計算書のみ。

決算書にはさまざまな種類が

決算の結果は、最終的に決算書の形にまとめられます。決算書にはさまざまな種類がありますが、個人事業で作成が求められるのは、青色申告の際に必要となる貸借対照表と損益計算書のみです。

貸借対照表とは、期末における資産と負債などの状態を示すものであり、BS（バランスシート：Balance Sheet）とも呼ばれます。

損益計算書は、事業年度における利益または損失を示すものであり、PL（Profit and Loss Statement）とも呼ばれます。

企業が作成する決算書には、このほかにキャッシュフロー計算書、株主資本等変動計算書、個別注記表、事業報告、附属明細書があります（右ページ参照）。企業が取引相手となる場合や融資を受ける場合、決算書はその収益力や経営状況などを把握するうえで非常に重要な資料になります。したがって、貸借対照表と損益計算書以外の決算書についても知識として知っておく

ことは有益なはずです。

また、これらの決算書のうち、キャッシュフロー計算書は個人事業でも作成を検討してみてもよいかもしれません。キャッシュフロー計算書では、資金の流れが「営業活動」「投資活動」「財務活動」の3つに分けて表されます。資金繰り表よりも細かく資金の状況を把握することが可能になるので、資金不足のリスクをより下げることが期待できます。

個人事業で使うのは青色申告決算書

個人事業で決算書を作成する場合には、青色申告の手続きのために用意された「青色申告決算書」（134〜139ページ、142ページ参照）を利用します。

不動産賃貸業の場合には「不動産所得用」、農業の場合には「農業所得用」を選択し、その他の場合には「一般用」を選びます。青色申告決算書は、税務署に行けば手に入れることができ、また確定申告の時期が近づいた頃に申告書とともに送られてきます。国税庁のホームページからダウンロードすることも可能です。

用語 **財務活動** 借入や増資、社債発行など、主として事業体の資金調達にかかわる活動。「営業活動」「投資活動」と対比して用いられることが多い。

■主な決算書の種類

貸借対照表	期末における財産状態を示すもの
損益計算書	一定の事業年度に発生した利益と損失を記載し、その年度の営業成績を示したもの
株主資本等変動計算書	貸借対照表の純資産の変動状況を示すもの
キャッシュフロー計算書	一定の事業年度におけるキャッシュフローの状況（現金の流れ）を示したもの
個別注記表	貸借対照表、損益計算書の注記事項などを示したもの
事業報告	当該事業年度の会社の状況に関する重要な事項を内容とするもの
附属明細書	貸借対照表、損益計算書などや事業報告の記載を補足する重要な事項の詳細を示したもの

※個人事業で作成が必要となるのは貸借対照表と損益計算書。

■キャッシュフロー計算書で示される資金の流れ

①営業活動によるキャッシュフロー
事業活動を通じて実際に稼いだ資金の増減を示す

②投資活動によるキャッシュフロー
設備投資、有価証券投資、企業買収などに伴って支出、回収された資金の額を示す

③財務活動によるキャッシュフロー
調達、返済などに伴う資金の流入・流出を示す

> 個人事業主でも作成を検討しましょう！

4章 経理・決算にトライする

⑩ 損益計算書を作成する

損益計算書の中で示される利益は、「売上総利益」「営業利益」「経常利益」
「税引前当期純利益」「当期純利益」の5つ。

損益計算書には
5つの利益が示される

損益計算書は、1年間でどれだけの利益をあげたのか、あるいは損失が出たのかを明らかにする"事業の成績表"です。損益計算書の中で示される利益には、大きく5つの種類があります。

❶売上総利益　売上高から売上原価を引いた利益であり、いわゆる「粗利」のことです。

❷営業利益　本業によって稼いだ利益であり、❶の売上総利益から販売費（販売手数料など）と一般管理費（人件費など）を引いて求めます。

❸経常利益　本業と本業以外の両方から得た利益のことで、❷の営業利益に営業外収益（預貯金の利子など）を足して、さらに営業外費用（借金の利子など）を差し引くことにより導き出されます。

❹税引前当期純利益　税金を払う前の利益です。❸の経常利益に特別利益を加えて、そこからさらに特別損失を差し引くことで求められます。特別利益とは特別な原因で一時的に発生し

た臨時の利益、特別損失とは特別な原因で一時的に発生した臨時の損失です。

❺当期純利益　事業年度に最終的に得られた利益です。❹の税引前当期純利益から法人税等を引いて計算します。

当期純利益がプラスであれば1年間の事業は黒字だった、マイナスであれば赤字だったということになります。

青色申告決算書の
損益決算書の中身

これら5種類の利益は、企業の損益計算書では用語とともに明示されます（右ページ参照）。

一方、青色申告決算書の損益計算書の体裁は企業のものとは異なっています。売上総利益や営業利益などの用語は見当たりませんが、それらの利益（同じかもしくは類似したもの）のいくつかが明らかにされる仕組みとなっています。

たとえば、売上総利益については、「売上（収入）金額（雑収入を含む）」から「売上原価」を引いた「差引金額」として示されることになります。

用語　**一般管理費**　事業全体を管理するために要した費用。従業員の給料、オフィス賃借料、通信費、水道光熱費などが含まれる。

損益計算書(法人用)サンプル

損益計算書

自 令和○年○月○日
至 令和○年○月○日

●損益計算書は、1年間の成績表なので、個人事業主の場合は、「1月1日から12月31日」の日付になる
●❶～❺の順に、活動別に区分表示する構造になっている

（単位：百万円）

❶ 売上高-売上原価

項目		金額
売上高		○○○
売上原価		○○○
	❶ 売上総利益	○○○
販売費及び一般管理費		○○○
	❷ 営業利益	○○
営業外収益		
	受取利息	
	受取配当金	○○
	雑収入	○○
	営業外収益合計	○○
営業外費用		
	支払利息	
	手形売却損	○○
	雑支出	○○
	営業外費用合計	○○
	❸ 経常利益	○○
特別利益		
	固定資産売却益	○○
	投資有価証券売却益	○○
	前期損益修正益	○○
	特別利益合計	○○
特別損失		
	固定資産売却損	○○
	災害による損失	○○
	特別損失合計	○○
	❹ 税引前当期純利益	○○○
法人税、住民税及び事業税		○○
	❺ 当期純利益	○○○

❷「❶売上総利益」-販売費及び一般管理費

❸「❷営業利益」+営業外収益 -営業外費用

❹「❸経常利益」+特別利益 -特別損失

❺「❹税引前当期純利益」-法人税等

4章 経理・決算にトライする

メモ 経常利益は、特別利益・特別損失を差し引きする前の利益なので、特別なことが起きないときの会社の「平常な、一定の」利益と考えてよい。

133

DL

● 青色申告決算書の損益計算書は、左部の「売上金額」「売上原価」、左部中ほどから中央部の「経費」、そして右部の「各種引当金・準備金等」「青色申告特別控除・所得金額」の5部構成になっている
● 赤字で書かれている（②＋③）といった指示に従って計算し、最後の「所得金額」を算出する

ンで書いてください。

令和 ⓪ 年分所⁝

住 所	東京都○○区○○
事業所所在地	
業種名	小売業　　屋号

❶1年間の売上金額を記入。

❷期首に残っていた商品の残高の金額を記入。

令和　　年　　月　　日　　　　　損　益　計　算　書（⁝

提出用

❶ 1年間の売上金額を記入。

❸ 1年間の仕入金額を記入。

❹ 期末に残っていた商品の残高の金額を記入。

❺ 売上総利益に該当。

❻

	科　目		金　額 (円)	科　目		
	❶ 売上（収入）金額（雑収入を含む）	①	10112830	消 耗 品 費	⑰	
売上原価	❷ 期首商品（製品）棚卸高	②		減 価 償 却 費	⑱	
	❸ 仕入金額（製品製造原価）	③	3694030	福 利 厚 生 費	⑲	
	小 計（②＋③）	④	3694030	給 料 賃 金	⑳	
	❹ 期末商品（製品）棚卸高	⑤	325800	外 注 工 賃	㉑	
	差引原価（④−⑤）	⑥	3368230	利 子 割 引 料	㉒	
	❺ 差 引 金 額（①−⑥）	⑦	6744600	地 代 家 賃	㉓	
経費				貸 倒 金	㉔	
	租 税 公 課	⑧	36800		㉕	
	荷 造 運 賃	⑨	356000		㉖	
	水 道 光 熱 費	⑩	123572		㉗	
	旅 費 交 通 費	⑪	138200		㉘	
	通 信 費	⑫	350202		㉙	
	広 告 宣 伝 費	⑬	263520		㉚	
	接 待 交 際 費	⑭	352572	雑 費	㉛	
❻	損 害 保 険 料	⑮	13500	計	㉜	
	修 繕 費	⑯	28910	❼ 差 引 金 額（⑦−㉜）	㉝	

❻各科目ごとに経費の金額を記入。該当する科目がない場合は㉕〜㉚で追加作成する。

❼営業利益もしくは経常利益に相当。

－ 1 －

134

FA3000

得税青色申告決算書（一般用）

○ー○	フリガナ 氏名	ナツメ ハナコ 夏目 華子	依頼税理士等	事務所所在地	
	電話番号	（自宅）00-0000-0000 （事業所）		氏名（名称）	
ーブル・ラズライト	加入団体名			電話番号	

整理番号	

○○月○○日至○○月○○日）

金額（円）
382560
190850
132560
180000
235280
32560
1080000
96890
3993976
2750624

科目				金額（円）
各種引当金・準備金等	繰戻額等	貸倒引当金	㉞	
			㉟	
			㊱	
		計	㊲	
	繰入額等	専従者給与	㊳	
		貸倒引当金	㊴	
			㊵	
			㊶	
		計	㊷	
青色申告特別控除前の所得金額（㉝＋㊲－㊷）			㊸	2750624
青色申告特別控除額			㊹	650000
所得金額（㊸－㊹）			㊺	2100624

❽青色事業専従者に支給した給与の額を記入。

❾控除可能な青色申告特別控除の額を記入。

❿この金額は申告書（158ページ）の「所得金額」の欄の「営業等」に記入する。

●青色申告特別控除については、「決算の手引き」の「青色申告特別控除」の項を読んでください。

●下の欄には、書かないでください。

	(91)		(95)	
	(92)		(96)	
	(93)		(97)	
Ⓐ	(94)		(99)	

DL

■ 令和 ☐0☐ 年分

❶月ごとの売上金額を記入。

氏 名　夏目　華子
（フリ ガナ　ナツメ　ハナコ）

❸月ごとの仕入金額を記入。

○月別売上（収入）金額及び仕入金額

○給料賃金

提出用

（令和二年分以降用）

月	❶ 売 上（収 入）金 額	仕 入 金 額 ❸
1	930,540 円	304,890 円
2	950,430	405,960
3	850,890	305,890
4	1,050,380	458,080
5	690,830	205,080
6	690,890	196,400
7	723,800	250,800
8	708,390	350,900
9	998,030	405,080
10	750,870	250,870
11	908,700	305,000
12	859,080	255,080
家事消費等		
雑収入		
計	❷ 1 0 1 1 2 8 3 0	❹ 3 6 9 4 0 3 0
うち軽減税率対象	うち　　　　　　　円	うち　　　　　　　円

❷売上金額の合計額。1ページ目（134ページ）❶の金額に一致する。

❹仕入金額の合計額。1ページ目（134ページ）❸の金額に一致する。

氏

青色

その他（

計

○専従者給

氏

計

○貸倒引当金繰入額の計算（この計算に当たっては、「決算の手引き」の「貸倒引当金」の項を読んでください。）

○青色申告

			金　　額
個 別 評 価 に よ る 本 年 分 繰 入 額 （「個別評価による貸倒引当金に関する明細書」の⑤欄の金額を書いてください。）	①		円
一括評価による本年分繰入額	年末における一括評価による貸倒引当金の繰入れの対象となる貸金の合計額	②	
	本 年 分 繰 入 限 度 額 （②×5.5％（金融業は3.3％））	③	
	本 年 分 繰 入 額	④	
本 年 分 の 貸 倒 引 当 金 繰 入 額 （① ＋ ④）	⑤	❺	

本 年 分 の

青色申告特

65万円又は55万の青色申告特別除を受ける場

上 記 以

の　　場

（注）　貸倒引当金、専従者給与や3ページの割増（特別）償却以外の特典を利用する人は、適宜の用紙に

❺貸倒引当金繰入額。貸倒引当金を設定している場合は1ページ目（135ページ）㊴の金額に一致する。

❻青色事業専従者ではない人に支給した給与の内訳を記入。1ページ目（135ページ）⑳の内訳。

整理
番号

❻ の内訳

名	年齢	従事月数	支　　給　　額			所得税及び復興特別所得税の源泉徴収税額
			給料賃金	賞　与	合　計	
太郎	20歳	6月	180,000円	0円	180,000円	円

●青色申告決算書の損益計算書（2ページ目）は、1ページ目を補完、また1ページ目の明細を記載する
●会計ソフトを使うと、こうした明細が自動的に作成されるので（116ページ参照）、❶や❸のように一見、月次決算（124ページ参照）が必要と思われることも簡単にできる

	人分）					
	延べ従事月数	6	180,000	0	180,000	

❼ の内訳　❼青色事業専従者（配偶者や親族など：60ページ参照）に支給した給与の内訳を記入。

名	続柄	年齢	従事月数	支　　給　　額			所得税及び復興特別所得税の源泉徴収税額
				給　料	賞　与	合　計	
		歳	月	円		円	円
		延べ従事月数					

❽指示に従い、1ページ目（135ページ）㊸の金額を記入する。

特別控除額の計算（この計算に当たっては、「決算の手引き」の「青色申告特別控除」の項を読んでください。）

			金　額
不動産所得の金額（青色申告特別控除額を差し引く前の金額）	⑥		（赤字のときは0）　　　　円
別控除前の所得金額（1ページの「損益計算書」の㊸欄の金額を書いてください。）	⑦		（赤字のときは0）　2,750,624 ❽
65万円又は55万円と⑥のいずれか少ない方の金額（不動産所得から差し引かれる青色申告特別控除額です。）	⑧		
青色申告特別控除額（「65万円又は55万円－⑧」と⑦のいずれか少ない方の金額）	⑨		650,000 ❾
10万円と⑥のいずれか少ない方の金額（不動産所得から差し引かれる青色申告特別控除額）	⑧		
青色申告特別控除額（「10万円－⑧」と⑦のいずれか少ない方の金額）	⑨		

その明細を記載し、この決算書に添付してください。

❾複式簿記の場合、65万円の控除が受けられる（154ページ参照）。

4章

経理・決算にトライする

青色申告決算書の損益計算書サンプル（3ページ目）

減価償却費を計上した場合に、償却方法や
耐用年数などを記入。

○減価償却費の計算

（令和二年分以降用）

減価償却資産の名称等（繰延資産を含む）	面積又は数量	取得年月	⑦取得価額（償却保証額）	㋺償却の基礎になる金額	償却方法	耐用年数	㋩償却率又は改定償却率	㊁本年中の償却期間
営業車		○年.6月	1,526,800円 ( )	1,526,800円	定率法	4年	0.250	6/12月
		・	( )					/12
		・	( )					/12

❶ 減価償却資産の名称を記入。
❷ 取得した年月を記載。
❸ 定率法の場合は下段のカッコ内に償却保証額（取得価額×保証率）を記入。
❹ 開業初年度は、❸と同じになる。
❺ 耐用年数・償却率は、国税庁のホームページで確認できる。また、所轄の税務署で耐用年数表・償却率等表の書かれたパンフレットが入手できる。

		・	( )					/12
		・	( )					**❻** /12
		・	( )					/12
計								

❶ 減価償却資産の名称を記入。開業費や権利金など繰延資産の償却費も記入する。

❻ 取得して使用を始めた月から12月までの月数を記載。6月から使用した場合は、6/12となる。

（注）　平成19年4月1日以後に取得した減価償却資産について定率法を採用する場合にのみ⑦欄のカッコ内

❾ 事務所や店舗などを賃借している場合に、権利金、更新料、賃料などを記入。

の内訳　（金融機関を除く）

の住所・氏名	期末現在の借入金等の金額	本年中の利子割引料	左のうち必要経費算入額
	円	円	円

❾

○地代家賃の内訳

支払先の住所・氏名	賃借物件	本年中の賃借料・権利金等	左の賃借料のうち必要経費算入額
東京都○○区○○　○－○　○○　　○○	事務所 **❿**	㊀ 0円 ㋺ 0 ㋩1,080,000	円
		権更	
		賃	

❿ 事務所など、賃貸物件の用途を記入する。

138

年分の 通償却費 ×(八)×(二))	(ヘ) 割増（特別） 償　却　費	(ト) 本 年 分 の 償却費合計 (ホ＋ヘ)	(チ) 事業専 用割合	(リ) 本年分の必要 経費算入額 (ト)×(チ))	(ヌ) 未償却残高 （期末残高）	摘　　要
90,850円	円	190,850円	100%	1,90,850円	1,335,950円	
	❼		❽			
90,850		190,850		1,90,850	1,335,950	

❼倉庫建物などの割増償却の適用を受ける場合に記入。

❽事業で使用している割合を記入。事業専用なら100となる。

●青色申告決算書の損益計算書（3ページ目）は、減価償却費の明細を主に記載するページ
●基本的には、上部のカッコ内に書かれた(イ)(ロ)(ハ)の式に従って算出する

償却保証額を記入します。

○税理士・弁護士等の報酬・料金の内訳

支 払 先 の 住 所 ・ 氏 名	本 年 中 の 報 酬 等 の 金 額	左のうち必要 経 費 算 入 額	所得税及び復興特別 所得税の源泉徴収税額
	円	円	円

◎本年中における特殊事情

⓫

⓫例年と数字が大幅に変わった場合、たとえば、「売上が急激に増加（減少）した」「扱っていた商品が変わり、原価率が大きく変わった」などの特殊事情を記載。

⑪ 貸借対照表を作成する

貸借対照表は「資産の部」と「負債の部」「純資産の部」から構成され、資産の合計額と負債・純資産の合計額は常に一致する。

純資産がマイナスだと危険

貸借対照表は決算日時点における事業の財務状況を明らかにするものであり、「資産の部」と「負債の部」「純資産の部」から構成されます。

「資産の部」は「借方」といい、事業資金がどのように運用されているのかを示します。具体的には、現預金や棚卸資産、事業用不動産、特許権、商標権などの利益を獲得するのに役立つ権利などが「資産」の例になります。

一方、「負債の部」「純資産の部」はあわせて「貸方」といいます。「借方」で運用されている事業資金が、どのように取得されたのかが示されます。

「負債」は、金融機関などから借入れたお金や買掛金、未払金など返済義務のあるものです。「純資産」は返済する必要がない純然たる財産であり、事業のために自分で用意した開業資金などが該当します。

資産の合計額と負債・純資産の合計額は常に一致します。

また、純資産がマイナスの状態、つまり負債が資産を上回っている状態を債務超過といいます。倒産のおそれもある危険な状況なので、資産を増やすか、もしくは負債を減らすための対策を早急に講じる必要があります。

青色申告決算書では名称が「負債・資本の部」になっている

損益計算書と同様、青色申告決算書の貸借対照表も、会社が作るものとは、その中身や使われている用語などが少し異なっています。たとえば、「資産の部」は同じですが、「負債の部」「純資産の部」ではなく「負債・資本の部」となっています。

「資産の部」が事業資金はどのように運用されているのかを、「負債・資本の部」が事業資金をどのように取得したのかを示している点は変わりありません。

また、貸借対照表の隣にある「製造原価の計算」（143ページ参照）は、損益計算書の仕入金額に計上される製造原価の内訳を示すものです。つまり、貸借対照表とは無関係なものです。製造業などを営み、原価計算をしている人だけに関係するものなので、そうでないのなら無視してください。

用語 特許権　発明を保護することを目的とした制度で、特許を受けた発明を権利者が一定期間独占的に実施することを権利として認めている。

貸借対照表(法人用)サンプル

❶資産の部は、流動資産、固定資産、繰延資産の3つに分かれる。

●貸借対照表は、決算日時点における事業の財務状況を明らかにするものなので、個人事業主の場合は、「12月31日」の日付になる

貸借対照表
令和○年○月○日現在

項目	金額	項目	金額
❶ 資産の部)		負債の部) ❷	
Ⅰ 流動資産		Ⅰ 流動負債	
現金及び預金	○○	支払手形	○○
受取手形	○○	買掛金	○○
売掛金	○○	短期借入金	○○
有価証券	○○	未払金	○○
製品及び商品	○○	リース債務	○○
短期貸付金	○○	未払法人税	○○
前払費用	○○	賞与引当金	○○
繰延税金資産	○○	繰延税金負債	○○
その他	○○	その他	○○
貸倒引当金	△ ○	流動負債合計	○○○
流動資産合計	○○○	Ⅱ 固定負債	
Ⅱ 固定資産		社債	○○
有形固定資産)		長期借入金	○○
建物	○○	リース債務	○○
構築物	○○	退職給付引当金	○○
機械及び装置	○○	繰延税金負債	○○
工具、器具及び備品	○○	その他	○○
リース資産	○○	固定負債合計	○○○
土地	○○	負債合計	○○○
建設仮勘定	○○	純資産の部) ❸	
その他	○○	Ⅰ 株主資本	
無形固定資産)		資本金	
ソフトウェア	○○	資本剰余金	
のれん	○○	資本準備金	
その他	○○	その他の資本剰余金	○○○
投資その他の資産)		資本剰余金合計	○○○
関係会社株式	○○	利益剰余金	
投資有価証券	○○	利益準備金	○○○
出資金	○○	その他の利益剰余金	
長期貸付金	○○	××積立金	
長期前払費用	○○	繰延利益剰余金	
繰延税金資産	○○	利益剰余金合計	○○○
その他	○○	自己株式	△ ○
貸倒引当金	△ ○	株主資本合計	○○○
固定資産合計	○○○	Ⅱ 評価・換算差額等	
Ⅲ 繰延資産	○○	その他の有価証券評価差額金	○○○
		評価・換算差額等合計	○○○
		Ⅲ 新株予約権	○○○
		純資産合計	○○○
資産合計 ❹	○○○	❺ 負債・純資産合計	○○○

❷負債の部は、流動負債、固定負債の2つに分かれる。

❸純資産の部は、株主資本、評価・換算差額等、新株予約権の3つに分かれる。

❹借方と❺貸方の合計が常に一致(バランス)する。

メモ のれんとは、企業を買収・合併(M&A)したときの「買収された企業の時価評価純資産」と「買収価額」との差額のこと。無形の償却資産である。

DL

貸　借　対　照　表　　　（資産負

❶通常は1月1日、開業初年度は、事業を始めた月日を記入する。

❷通常は12月31日を記入する。

令和二年分以降用　65万円又は55万円の青色申告特別控除を受ける人は必ず記入してください。それ以外の人でも分かる……記入してください。

資　産　の　部			負
科　　目	❶ 1月 1日（期首）	❷ 12月31日（期末）	科　　目
現　　　金	円	405,754 円	支 払 手 形
当 座 預 金			買 掛 金
定 期 預 金			借 入 金
その他の預金	500,000	1,823,840	未 払 金
受 取 手 形			前 受 金
売 　 掛 　 金		223,600	預 り 金 ❸
有 価 証 券			
棚 卸 資 産		125,800	
前 払 金			
貸 付 金			
建　　　物			
建物附属設備			
機 械 装 置			
車 両 運 搬 具		1,335,950	貸 倒 引 当 金
工 具 器 具 備 品			
土　　　地			
			❺ 事 業 主 借
❹ 事 業 主 貸			❻ 元 入 金
			青色申告特別控除前の所得金額
合　　　計	❽ 500,000	3,914,944 ❾	合　　　計

❸青色事業専従者や他の従業員に支給した給与などから徴収した所得税などの源泉徴収税額のうち、まだ納付していない金額も「預り金」として記入。

❺事業主個人のお金を事業にあてた場合に。その合計額を「事業主借」として記入する。

❹事業用のお金から個人の生活費、税金などを支払った場合に、その合計額を「事業主貸」として記入。

❻事業を始めるにあたって用意した開業資金や準備金で、法人の「資本金」に相当する。

(注)　「元入金」は、「期首の資産の総額」から「期首の負債の総額」を差し引いて計算します。

❽期首（借方）と❿期首（貸方）は必ず一致する。

製造原価の計算
（原価計算を行っていない人は、記入する必要はありません。）

（調）

（令和○○年 12 月 31 日現在）

・ 資 本 の 部

1 月 1 日（期首）	12 月 31 日（期末）
円	円
	250,100
	252,700
	126,320
	35,200

	科　　　目		金　　　額
原	期首原材料棚卸高	①	円
材	原 材 料 仕 入 高	②	
料	小　計（①＋②）	③	
費	期末原材料棚卸高	④	
	差引原材料費（③－④）	⑤	
	労　　務　　費	⑥	
そ	外 注 工 賃	⑦	
の	電 力 費	⑧	
	水 道 光 熱 費	⑨	
他	修 繕 費	⑩	
	減 価 償 却 費	⑪	
		⑫	

> ●青色申告決算書の貸借対照表は、左部の「貸借対照表」、右部の「製造原価の計算」（原価計算をしている人以外は無記入）の2部構成になっている
> ●貸借対照表の「青色申告特別控除前の所得金額」を記入し、期末の借方と貸方の残高がそれぞれ一致しているか確認する

	科目		金額
		⑲	
費	雑　　　費	⑳	
	計	㉑	
	総製造費（⑤＋⑥＋㉑）	㉒	
	期首半製品・仕掛品棚卸高	㉓	
	小　計（㉒＋㉓）	㉔	
	期末半製品・仕掛品棚卸高	㉕	
	製品製造原価（㉔－㉕）	㉖	

> ❻損益計算書の㊸（135ページ）の金額を記入。

1 月 1 日（期首）	12 月 31 日（期末）
500,000	500,000
	❼2,750,624
❿500,000	⓫3,914,944

（注）㉖欄の金額は、1 ページの「損益計算書」の③欄に移記してください。

> ❾期末（借方）と⓫期末（貸方）は必ず一致する。

－4－

コラム

起業の選択肢には企業組合という手も

　起業をする手段としては、個人事業と法人（会社）設立のほかに、「**企業組合**」という選択肢もあります。

　企業組合とは、個人事業者や勤労者などが**4人以上**集まり、それぞれの資本と労働をもち寄って結成する、事業活動を行う組合組織です。**税制上の優遇措置**がある点や**国、行政庁、専門金融機関の支援**を受けられることなどが、企業組合のメリットとしてあげられています。

　その仕組みやルールは中小企業等協同組合法によって定められており、関係団体として中小企業団体中央会が、また各都道府県に都道府県中小企業団体中央会が置かれています。

　ちなみに東京都中小企業団体中央会のサイトでは、企業組合の活用事例として以下のようなケースを取り上げています。

●個人事業者を中心にして、経営規模を拡大したいとき

●主婦など趣味の仲間で、ケーキや家庭料理などを作り、ビジネスとして起こしたいとき

●中高年齢者、サラリーマンなどが脱サラ、リストラなどにより、特技・資格などを活かして、ニュービジネスを始めたいとき

●生きがいや地域社会への貢献（介護福祉・保育・看護サービス等）を求めて行動したいとき

●ソフトウェア開発やインターネットを活用してSOHO（Small Office Home Office）を興したいとき

●法人企業が、先行きの成長が見込めるが、資金・技術不足である企業組合に経営資源を提供し、起業支援や投資をしたいとき

●「村おこし」で、住民の働く場を確保したいとき……など

　企業組合の詳細については、中小企業団体中央会や各都道府県中小企業団体中央会のサイトで解説されているので、興味をもった人は一度確認してみるとよいでしょう。

5章

税金の申告方法を
マスターしよう！

個人事業では、自分で税金を申告
し、納付しなければならない。特
に、所得税の確定申告は、事業の
業績を確定させる意味でも、書式
を見ながらしっかりおさえたい！

① 税金の種類を知る

個人事業でおさえておくべき税金は、①所得税、②住民税、③事業税、④消費税の4種類。所得税と消費税は、税額の計算と申告を行う必要がある。

■ 主な税金は4種類

会社などに勤めていたときは源泉徴収という形で税金が天引きされていたので、確定申告は原則として不要でした。しかし、個人事業では、必要に応じて自分で税金を申告し、納付しなければなりません。

そこで、どのような税金を納めなければならないのかを把握しておきましょう。税金にはさまざまな種類がありますが、個人事業でおさえておくべきものとしては、①所得税、②住民税、③事業税、④消費税があげられます。それぞれの内容は以下の通りです（国税とは国に対して納める税金、地方税とは地方自治体に対して納める税金）。

①所得税 　個人の所得に対して課される国税です。

②住民税 　地方自治体の行政サービスにかかる経費を、住民がその能力に応じて負担し合うことを目的とした地方税です。

③事業税 　事業を行う場合には、道路などの公共施設を利用することになります。そうした公共サービスの経費の一部を事業者に負担させることを目的とした地方税です。

④消費税 　商品やサービスを消費した際に支払う税金であり、国税と地方税に分けられます。

■ 申告が必要なのは所得税と消費税

これらの税金のうち、住民税と事業税は申告が不要です。所得税の申告をもとに課税される仕組みとなっているからです。税金の額と納付時期などが記載された納税通知書と納付書が送られてくるので、それに従って納めればよいだけです。一方、所得税と消費税については、税額の計算と申告を行うことが必要です。なお、2013年から2037年までは、通常の所得税に上乗せして復興特別所得税が徴収されます。同税は東日本大震災の復興支援の財源を確保するために導入されたものであり、確定申告の際に自動的に徴収されるので、申告手続は不要です。

右ページを参照しながら、申告・納税のスケジュールを組み立てるとよいでしょう。

用語　**納税通知書**　年度当初に市区町村から納税者に送付される、税額や納付時期などの課税内容が記載された通知書。

1年間の税金納付スケジュール

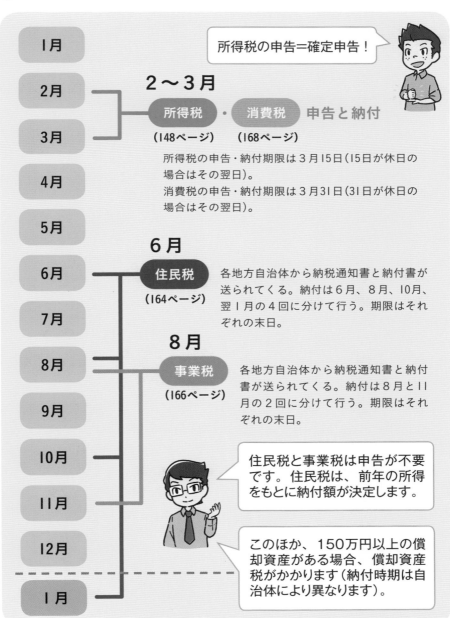

1月	所得税の申告＝確定申告！
2月	**2〜3月** （所得税）・（消費税）　申告と納付 （148ページ）（168ページ）
3月	所得税の申告・納付期限は3月15日（15日が休日の場合はその翌日）。 消費税の申告・納付期限は3月31日（31日が休日の場合はその翌日）。
4月	
5月	
6月	**6月** （住民税）（164ページ）　各地方自治体から納税通知書と納付書が送られてくる。納付は6月、8月、10月、翌1月の4回に分けて行う。期限はそれぞれの末日。
7月	
8月	**8月** （事業税）（166ページ）　各地方自治体から納税通知書と納付書が送られてくる。納付は8月と11月の2回に分けて行う。期限はそれぞれの末日。
9月	
10月	
11月	住民税と事業税は申告が不要です。住民税は、前年の所得をもとに納付額が決定します。
12月	このほか、150万円以上の償却資産がある場合、償却資産税がかかります（納付時期は自治体により異なります）。
1月	

5章　税金の申告方法をマスターしよう！

メモ　従業員を雇っている場合は、上記に加えて、源泉所得税を払うことが必要（原則として徴収した日の翌月10日までに納める）。

② 所得税の計算方法

所得税は、①総合課税、②分離課税、③源泉分離課税という3種類の方法で計算され、所得控除が行われた後の金額に対してかかることになる。

所得には10種類ある

先に触れたように、所得税は「所得」に対して課されます。所得とは、1年間の収入から経費を引いたものです。たとえば、年間1,000万円の収入を得るために、500万円の経費を使った場合、所得は500万円になります。

また、所得は右ページにあげたように10種類あります。このうち、個人事業の所得の中で中心となるのはやはり事業所得でしょうが、賃貸不動産を多く所有している場合には不動産所得が、また配当の大きな株式をもっている場合には配当所得が大きな割合を占める可能性もあります。

所得税の計算方法は3種類

そして、これらの所得にかかる所得税は、①総合課税、②分離課税、③源泉分離課税という3種類の方法で計算されます。

①総合課税　複数の所得を合算して税額を計算する方法です。赤字の所得と黒字の所得を相殺することも可能です。

②分離課税　他の所得と合算せずに、それぞれの所得で分けて税額を計算する方法です。

③源泉分離課税　税金が源泉徴収（天引き）されることによって、課税が完結する方法です。

なお、所得の中には、社会政策上などの理由から課税されない非課税所得もあります。宝くじの当選金や遺族年金、障害年金、生活保護給付金などがその具体例です。

所得額からは一定額を控除できる

所得税は「所得」に対して課されると述べましたが、そのすべてがそのまま税金の対象になるわけではありません。過度に税負担を重くしないことなどを目的にしたルールに従って、所得からは、一定の額を控除することができ、これを所得控除といいます（次項参照）。所得税は、この所得控除が行われた後の金額に対してかかることになります。

なお、所得税の算出後に、所定の条件に応じて一定額が引かれます。これを税額控除といいます。

用語 　遺族年金　国民年金や厚生年金の被保険者などが死亡した場合に、一定の要件を満たす遺族に対して支給される公的年金。

所得の種類と所得税の計算方法

■ 所得の種類

事業所得	商業、工業、自由業などの事業から生じる所得
不動産所得	不動産の貸付けなどによる所得
配当所得	株式の配当、投資信託の収益の分配などから生じる所得
利子所得	公社債や預貯金の利子、公社債投信の収益の分配などからもたらされる所得
譲渡所得	不動産などの資産を売却して得た所得
一時所得	懸賞金や満期保険金などの所得
給与所得	給料・賞与などの所得
退職所得	退職金などの所得
山林所得	5年を超えて所有していた山林を伐採して売却した場合などに生じる所得
雑所得	公的年金、原稿料や印税、講演料など

■ 所得税の計算方法

例　個人事業主(青色申告)：収入700万円　必要経費100万円
　　住宅ローン控除30万円　源泉徴収税額予定税額なし

所得＝収入−経費
700万円−100万円−65万円(青色申告特別控除)＝535万円

所得−所得控除＝課税所得
535万円−48万円(基礎控除)＝487万円

課税所得×税率＝税額
487万円×20%−42万7,500円(税率20%の控除額)＝54万6,500円

税額−税額控除額＝年税額
54万6,500円−30万円(税額控除：住宅ローン)＝24万6,500円

年税額×102.1%(復興所得税額2.1%上乗せ)−源泉徴収税額予定納税額＝納める所得税額
24万6,500円×102.1%＝25万1,676円(納付額)

メモ　国民年金や厚生年金の被保険者が、病気やケガなどによって仕事や生活が制限されるようになった場合に、一定の要件を満たすことを条件として支給される公的年金を「障害年金」という。

③ 所得控除の種類

所得控除は、課税の際に、所得からあらかじめ一定の金額を差し引く制度。
所得の額が低くなれば確実に税金が安くなり、税負担の軽減につながる。

所得控除は所得から一定の金額を差し引く制度

　所得控除は、課税の際に、所得からあらかじめ一定の金額を差し引く制度です。所得の額が低くなれば確実に税金が安くなるので、税負担の軽減につながります。

　税金が安くなる制度としては、税額控除があります。ただし、税額控除は所得ではなく税金から差し引かれるものです。つまり、順番としては所得控除が先行することになります。

所得控除には2つのタイプがある

　所得控除にはさまざまなものがありますが、大きく①人的控除と②物的控除の2種類に分けられます。

　❶人的控除　扶養している家族がいる、障害者であるなど個人が置かれている状況をもとに所得金額が減額される控除です。人的控除の例としては、基礎控除、配偶者控除、扶養控除、障害者控除などがあげられます。基礎控除は原則としてすべての納税者に認められており、最大48万円です。

　❷物的控除　人的控除以外のものです。物的控除の例には、社会保険料控除、医療費控除、生命保険料控除などがあります。

寄附金も控除できる

　見落としがちな所得控除もあります。たとえば寄附を行っている場合、その寄附金額を控除することが「寄附金控除」として認められる可能性があります。

　「ふるさと納税」も寄附の一種であり、控除の対象となります。また、出身大学に寄附したようなケースでも寄附金控除を利用できることがあります。

　それから、配偶者控除は「妻」だけではなく「夫」についても、また扶養控除は配偶者や子だけではなく、父母や祖父母などを扶養している場合にも適用対象になります。

　さらに社会保険料控除は、生計が同じ配偶者やその他の親族の社会保険料も支払っている場合にはそれらについても控除できます。

用語　ふるさと納税　任意の自治体を選び寄附をしたときに、一定額が所得税や住民税から控除される制度。寄附の"お礼"として返礼品が用意されているケースが多い。

主な所得控除の種類

❶ 人的控除

種　類	控除される場合	控除額
基礎控除	原則としてだれもが対象になる	年間所得　　　　　　　　　　　　控除額 2,400万円以下　　　　　　　　➡ 48万円 2,400万円超2,450万円以下 ➡ 32万円 2,450万円超2,500万円以下 ➡ 16万円 2,500万円超　　　　　　　　　➡ 0円
配偶者控除	年間所得が48万円以下の配偶者がいる場合（給与のみの場合は給与収入が103万円以下）	控除を受ける納税者本人の年間所得と配偶者の年齢が70歳以上か未満かによって変わる（上は48万円、下は13万円）
扶養控除	年間所得が48万円以下の親族（扶養親族）がいる場合	扶養親族の年齢、同居の有無などによって変わる（上は63万円、下は38万円）

❷ 物的控除

種　類	控除される場合	控除額
社会保険料控除	健康保険、国民年金などの社会保険料を支払った場合	支払った社会保険料の全額（所定の家族などの分も支払った場合にはそれも含まれる）
医療費控除	自分や生計が同じ配偶者、その他の親族の医療費を支払った場合	年間所得200万円以下の人は所得額の5％。それ以外は、「医療費の合計額－保険金などで補填される金額－10万円」で計算（200万円が上限）
寄附金控除	国や地方公共団体、所定の法人などに対し、寄附をした場合	「（寄附金額－2,000円）」 （年間所得の40％が上限）
生命保険料控除	生命保険料や介護医療保健料、個人年金保険料を支払っている場合	年間の支払保険料などの額や平成24年1月1日以後に締結した保険契約か否かによって変わる

5章

税金の申告方法をマスターしよう！

メモ　基礎控除の額は長らく38万円に固定されていたが、近時の税制改正で上記のような形に改められた。実施は、令和2年分の確定申告から（155ページ参照）。

④ 確定申告の基礎を知る

個人事業主はB様式の確定申告書を選ぶ。還付申告をすれば源泉徴収によって納めすぎた税金を返してもらうことができる。

白色申告と青色申告の2種類がある

所得税については、1年間に得た所得を事業主自身で計算し、申告して納付しなければなりません。納付すべき所得税額を確定させ、申告する作業を「確定申告」といいます。また、確定申告のために提出する書面を「確定申告書」といいます。

確定申告には「青色申告」と「白色申告」があります。それに応じて、提出する書類にも青色申告決算書と収支内訳書があります。

「青色申告」も「白色申告」も申告の手続きや流れは大きく異なりません。青色申告の場合には、青色申告決算書の作成など提出する書面が若干増える程度にすぎません。

それよりも注意を要するのは、確定申告書にはA様式とB様式という2つの書式があることです。A様式は会社員や年金生活者を対象としたもので、予定納税額のない人が使用します。B様式は、所得の種類にかかわらず、だれでも使用できる書式で、個人事業主はB様式の申告書を使用します。

還付申告をすれば納めすぎた税金が返ってくる

確定申告の申告期限は、2月16日から3月15日までで、納税期限は3月15日までとなっています。

申告書などの提出先、税金の納付先はともに納税地を管轄する税務署になります。納税地は、原則として「自宅のある住所地」です。ただし、税務署に届出をすれば、自宅と異なる場所にある事務所などを「事業所の所在地」として、そこで納税することもできます。

また、確定申告と関係する申告手続きに「還付申告」があります。

所得税の中には、源泉徴収（天引き）の形で納めるものもあります。給与所得に課される所得税はその代表例ですが、原稿料や弁護士などに支払う報酬などもこれに該当します。

還付申告とは、源泉徴収によって納めすぎた税金を返してもらう手続きです。所得税の申告の際には還付申告も同時に行う仕組みとなっているので、特別な手続きを行う必要はありません。

用語 納税地　税金に関する申告、届出、納付などを行う際、どの税務署などに対して行うのかを特定するための場所。通常は、住所地が納税地になる。

青色申告と白色申告、申告書の種類

青色申告と白色申告

	青色申告	白色申告
提出する申告書	確定申告書B	確定申告書B
租税特別措置法の適用	あり	なし
必要な手続き	青色申告の承認申請手続き（不動産所得、事業所得、山林所得に限られる）が必要	特になし（青色申告の承認を受けなければ、白色申告になる）
帳簿の作成義務	あり	あり
決算書の提出義務	あり（青色申告決算書を提出）	なし（収支内訳書の提出義務がある）

申告書の種類

申告書A	給与所得、雑所得、配当所得、一時所得のみで、予定納税額がない人が対象。確定申告を行う会社員や公的年金の受給者が使う
申告書B	だれでも使用できる。個人事業主が使う様式
申告書Bと第三表（分離課税用）の併用	主に、土地建物などの譲渡所得がある人や株式などの譲渡所得などがある人、山林所得や退職所得がある人が使う
申告書Bと第四表（損失申告用）の併用	主に、所得金額が赤字の人や所得金額から雑損控除額を控除すると赤字になる人、さらに、所得金額から繰越損失額を控除すると赤字になる人が使う

メモ 青色の申告用紙が使われていたことが、青色申告の名称の由来といわれている（現在の用紙は青色ではない）。

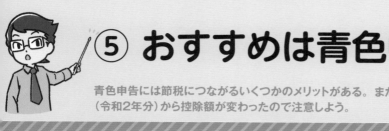

⑤ おすすめは青色申告

青色申告には節税につながるいくつかのメリットがある。また、2020年分（令和2年分）から控除額が変わったので注意しよう。

青色申告には4つの特典がある

先にも述べたように、確定申告の際には、節税面で有利となる数々のメリットがある青色申告を選ぶことをおすすめします。

一般に「青色申告の特典」と呼ばれる主なメリットとしては、以下のものがあげられます。

❶青色申告特別控除　複式簿記の形で帳簿を記帳している場合には、確定申告書とともに貸借対照表、損益計算書などを添付して期限内に申告することにより、所得から最大65万円が控除されます。また、単式簿記であっても、最大10万円の控除の適用を受けることが可能です。

❷青色事業専従者給与　生計を同じにしている配偶者や15歳以上の親族で、従業員として専従して働いている者に対する給与の金額を経費として計上できます。

❸純損失の繰越しと繰戻し　事業が赤字だった場合、損失額を翌年以後3年間にわたって、順次各年分の所得金額から差し引くことが認められています。これを、「純損失の繰越し」といいます。また、前年も青色申告をしている場合には、損失額を前年分の所得金額から控除することで、前年分の所得税額の還付を受けることも可能です。これを、「純損失の繰戻し」といいます。

❹減価償却資産に関する特例　取得価格が30万円未満の減価償却資産は一括で全額経費にすることができます。

ここが重要！

①の青色申告特別控除に関しては、大きな改正が行われたので注意が必要です。

すなわち、2020年分（令和2年分）の確定申告から、65万円の特別控除を受けるためには、前述の要件に加えて、e-Taxによる申告（電子申告）かまたは電子帳簿保存を行うことが必要になったのです。

その詳細については右ページにまとめておきましたので、しっかり覚えておきましょう。

用語 **事業専従者控除**　白色申告者の場合に、家族・配偶者・親族・人数・所得金額などに応じて、一定額を必要経費とみなす特例（189ページ参照）。

青色申告の改正内容

改正ポイント 2020年度分（令和2年分）
➡2021年（令和3年）に行う確定申告から

(1) **10万円**の青色申告特別控除については改正されず、これまでと同様。
(2) **【改正1】65万円**の青色申告特別控除は**55万円**に下げられた。
(3) **【改正2】**ただし、従来の適用要件に加えて、下記の❶ **e-Taxによる申告（電子申告）**または❷**電子帳簿保存**を行うと、引き続き65万円の青色申告特別控除を受けられることになった。

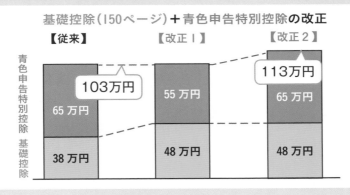

基礎控除（150ページ）＋青色申告特別控除の改正

【従来】	【改正1】	【改正2】
103万円		113万円
青色申告特別控除 65万円	55万円	65万円
基礎控除 38万円	48万円	48万円

❶ e-Taxによる申告（電子申告）

e-Taxで確定申告書・青色申告決算書などのデータを提出（送信）すること。国税庁ホームページの**「確定申告書等作成コーナー」**で確定申告書・青色申告決算書などのデータを作成し、e-Taxで提出（送信）することも可能。

❷ 電子帳簿保存

一定の要件の下で帳簿を電子データのまま保存できる制度。従来は電磁的記録によって帳簿を保存する場合には事前に税務署長の承認を得る必要があったが、事業者の事務負担軽減のため、**事前審査等は不要となった。**

また、これらの制度に追加して、電子取引データの保存方法について、**2023年12月31日**までに行う電子取引は、保存すべき電子データをプリントアウトして保存し、税務調査等の際に提示・提出できるようにしておく。**2024年1月**からは保存要件に従った電子データの保存が必要となる。

メモ 2004年に青色申告の特別控除は55万円から65万円に引き上げられた。今回の改正はそれ以来の大きな見直しといえる。

⑥ 確定申告書を作成する

個人事業の確定申告では、B様式（確定申告書B）を使う。B様式の申告書は、「第一表」と「第二表」の2枚からなる。

確定申告書の構成

個人事業の確定申告では、B様式（確定申告書B）を使います。

全体の構成を確認すると、B様式の申告書は「第一表」と「第二表」の2枚からなります（158・159ページ参照）。

第一表は①「収入・所得金額」、②「所得控除額」、③「本来の所得税額」、④「税額控除額」、⑤「税額計算」、⑥「その他追加情報」で構成されており、①から⑥へ順番に記入していく形になっています。

第二表は「所得の内訳」や「所得控除」「事業専従者に関する事柄」など、第一表を補完する事項を記載します。

第一表の②「所得控除額」は、第二表をまとめることで明らかになるので、まずは第二表から作成するのが効率的です。

青色申告の場合には、基本的に青色申告決算書の内容をそのまま転記するだけなので、記入作業自体はそれほど手間がかからないはずです。

申告書は、手元に保存しておくための「控用」と税務署に提出する「提出用」の2通を作成します。「控用」は複写される仕組みになっているので、2回書く必要はありません。ただ、「控用」に税務署の受付印を押してもらうことを忘れないようにしましょう。金融機関に融資を求める際には、申告書の提出が求められます。その際、受付印がないと偽造を疑われるかもしれません。

確定申告書等作成コーナーも利用

確定申告の期間は、通常、税務署などの公共機関には相談コーナーが設置されます。税理士や税務署の職員が無料で相談に応じるので、書き方に関してわからないことがあれば尋ねてみるとよいでしょう。また、国税庁のサイトには「確定申告書等作成コーナー」が用意されています。これを使えば、画面の案内に従って金額などを入力することにより、確定申告書などを作成することができます。

作成した申告書は、印刷して提出することができ、e-Taxの利用による提出も可能です。スマートフォンにも対応しているので、使い勝手などを試してみるとよいかもしれません。

用語 **税務署の受付印** 確定申告書などの税務署に提出した書類に押される印。電子申告を行った場合には、データの受付通知が受付印の代わりになる。

確定申告の際に申告書と共に添付・提示する主な書類

項目など	添付または提示すべき書類
青色申告の場合	青色申告決算書 p.134 〜 p.139、p.142 〜 p.143
白色申告の場合	収支内訳書 p.160 〜 p.163
マイナンバーの確認	マイナンバーカード（個人番号カード）など
雑損控除	災害などに関連してやむを得ない支出をした金額についての領収書
医療費控除	医療費控除の明細書、医療費通知（医療費のお知らせ）[原本]（医療費通知を添付し、明細の記載を省略する場合に限る）、各種証明書（おむつ使用証明書[介護用]など）
セルフメディケーション税制による医療費控除の特例	セルフメディケーション税制の明細書、適用を受ける年分において一定の取り組みを行ったことを明らかにする書類
社会保険料控除	国民年金保険料・国民年金基金の掛金について社会保険料控除を受ける場合には、「社会保険料（国民年金保険料）控除証明書」など
小規模企業共済等掛金控除	支払った掛金額の証明書
生命保険料控除	支払額などの証明書
地震保険料控除	支払額などの証明書
寄附金控除	寄附した団体などから交付を受けた寄附金の受領証、特定の公益法人や学校法人などへの寄附や、一定の特定公益信託の信託財産とするための支出の場合は、その法人や信託が適格であることなどの証明書または認定証の写し、政治献金については選挙管理委員会などの確認印のある「寄附金（税額）控除のための書類」
勤労学生控除	学校や法人から交付を受けた証明書
障害者控除、配偶者（特別）控除、扶養控除	国外居住親族について控除の適用を受ける場合は、「親族関係書類」「送金関係書類」

メモ　特定成分を含んだOTC医薬品の購入額が一定額を超えた場合に、その金額分が課税所得から控除される制度のことを「セルフメディケーション税制」という。

確定申告書（第一表・第二表）サンプル

❶ 納税地の所轄の税務署名、提出する年月日を記載。

❷ 住所や氏名などを記載。「個人番号」にマイナンバーも記入する。年月日欄の一桁目は昭和なら「3」、平成なら「4」と記入。

❸ 該当する申告の種類などを○で囲む。

❹ 事業の売上（収入）金額を記入。青色申告決算書（損益計算書）の①「売上（収入）金額」（134ページ）を転記する。

❺ 事業の所得金額を記入。青色申告決算書（損益計算書）の㊺「所得金額」（135ページ）を転記する。

❻ ほかの所得を合算した金額を記入する。

❼ 所得控除の合計額を記入。

❽ 所得の合計額⑨から所得控除の合計額㉕を差し引いた金額（1,000円未満の端数は切り捨て）。この金額に課税される。

❾ 所得税額を算出して記入する。

❿ 配当控除などの税額控除がある場合は、㉗の額からそれらの額を差し引いた金額を記入。

⓫ ㊵の金額に2.1%を乗じた額。

⓬ ㊵と㊶の合算した額。

⓭ 源泉徴収税額があれば記入する。

⓮ 100円未満を切り捨てた額が納税額。赤字の場合は、差額分が還付される。

⓯ 青色申告特別控除を利用する場合には記入。

⓰ 還付金の振込みを希望する銀行などの預金口座を記入。

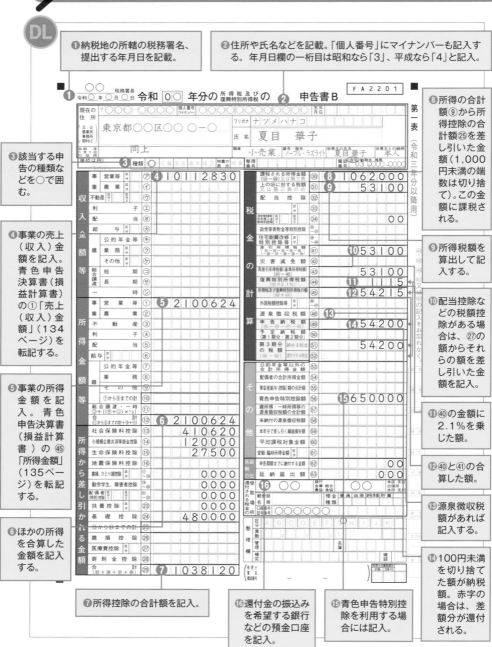

158

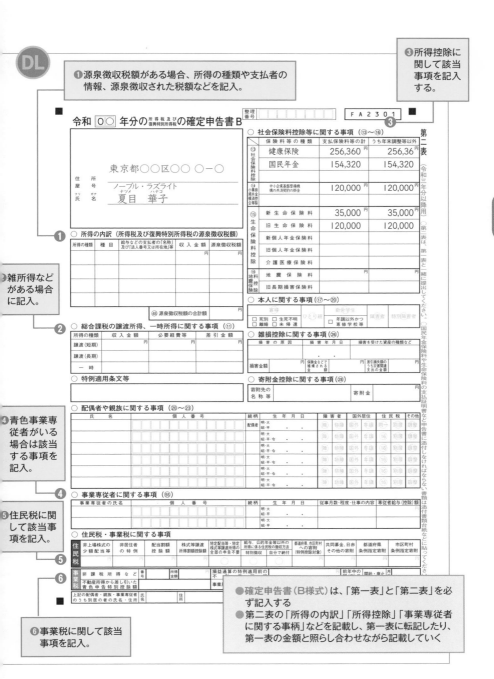

DL

❶ 源泉徴収税額がある場合、所得の種類や支払者の情報、源泉徴収された税額などを記入。

❸ 所得控除に関して該当事項を記入する。

整理番号　　　　　　　　　　　FA2301

令和 ○○ 年分の 所得税及び 復興特別所得税 の確定申告書B ❸

住所　東京都○○区○○ ○−○
屋号　ノーブル・ラズライト
フリガナ　ナツメ　ハナコ
氏名　夏目 華子

○ 社会保険料控除等に関する事項（⑬〜⑯）

	保険料等の種類	支払保険料等の計	うち年末調整以外
⑬ 社会保険料控除	健康保険	256,360 円	256,36 円
	国民年金	154,320	154,320
⑭ 小規模企業共済等掛金控除	中小企業基盤整備機構の共済契約の掛金	120,000	120,000
⑮ 生命保険料控除	新生命保険料	35,000 円	35,000 円
	旧生命保険料	120,000	120,000
	新個人年金保険料		
	旧個人年金保険料		
	介護医療保険料		
⑯ 地震保険料控除	地震保険料		
	旧長期損害保険料		

❶ 所得の内訳（所得税及び復興特別所得税の源泉徴収税額）

所得の種類	種目	給与などの支払者の「名称」及び「法人番号又は所在地」等	収入金額	源泉徴収税額
			円	円
		㊽ 源泉徴収税額の合計額		

❷ 雑所得などがある場合に記入。

○ 本人に関する事項（⑰〜⑳）

寡婦　ひとり親　勤労学生
□死別 □生死不明　　□年調以外かつ　障害者　特別障害者
□離婚 □未帰還　　　専修学校等

○ 雑損控除に関する事項（㉖）

損害の原因	損害年月日	損害を受けた資産の種類など
損害金額　　円	保険金などで補塡される金額　円	差引損失額のうち災害関連支出の金額　円

❷ 総合課税の譲渡所得、一時所得に関する事項（⑪）

所得の種類	収入金額	必要経費等	差引金額
譲渡（短期）	円	円	円
譲渡（長期）			
一時			

○ 特例適用条文等

○ 寄附金控除に関する事項（㉘）

寄附先の名称等		寄附金	円

❹ 青色事業専従者がいる場合は該当する事項を記入。

○ 配偶者や親族に関する事項（⑳〜㉓）

氏名	個人番号	続柄	生年月日	障害者	国外居住	住民税	その他
		配偶者	明・大昭・平・令　． ．	障 特障	国外 年調	同一 別居	調整
			明・大昭・平・令　． ．	障 特障	国外 年調	16 別居	調整
			明・大昭・平・令　． ．	障 特障	国外 年調	16 別居	調整
			明・大昭・平・令　． ．	障 特障	国外 年調	16 別居	調整
			明・大昭・平・令　． ．	障 特障	国外 年調	16 別居	調整

❹ ○ 事業専従者に関する事項（㊺）

事業専従者の氏名	個人番号	続柄	生年月日	従事月数・程度・仕事の内容	専従者給与（控除）額
			明・大昭・平　． ．		
			明・大昭・平　． ．		

❺ 住民税に関して該当事項を記入。

○ 住民税・事業税に関する事項

住民税	非上場株式の少額配当等	非居住者の特例	配当割額控除額	株式等譲渡所得割額控除額	特定配当等・特定株式等譲渡所得金額の全部の申告不要	給与、公的年金等以外の所得に係る住民税の徴収方法 都道府県、市区町村への寄附（特例控除対象）	共同募金、日赤その他の寄附	都道府県条例指定寄附	市区町村条例指定寄附
						特別徴収　自分で納付			

事業税	非課税所得など	番号	所得金額	損益通算の特例適用前の　不動産所得　事業所得		前年中の　開始・廃止　月
	不動産所得から差し引いた青色申告特別控除額					

上記の配偶者・親族・事業専従者のうち別居の者の氏名・住所　氏名　　　住所

❺ 住民税に関して該当事項を記入。

❻ 事業税に関して該当事項を記入。

● 確定申告書（B様式）は、「第一表」と「第二表」を必ず記入する
● 第二表の「所得の内訳」「所得控除」「事業専従者に関する事柄」などを記載し、第一表に転記したり、第一表の金額と照らし合わせながら記載していく

第二表（令和三年分以降用）○第一表は、第二表と一緒に提出してください。○国民年金保険料や生命保険料などの支払証明書などは申告書に添付しなければならない書類は添付書類台紙などに貼ってください。

5 章　税金の申告方法をマスターしよう！

159

収支内訳書（白色申告）サンプル（1ページ目）

❶住所や氏名など、基本事項を記載する。

❷1年間の売上金額を記入。

令和 ○○

住　所	東京
事業所所在地	
業種名	小売

提出用

（令和二年分以降用）

この収支内訳書は機械で読み取りますので、黒のボールペンで書いてください。

令和○○年 ○○月 ○○日

(自 ○○ 月 ○○ 日

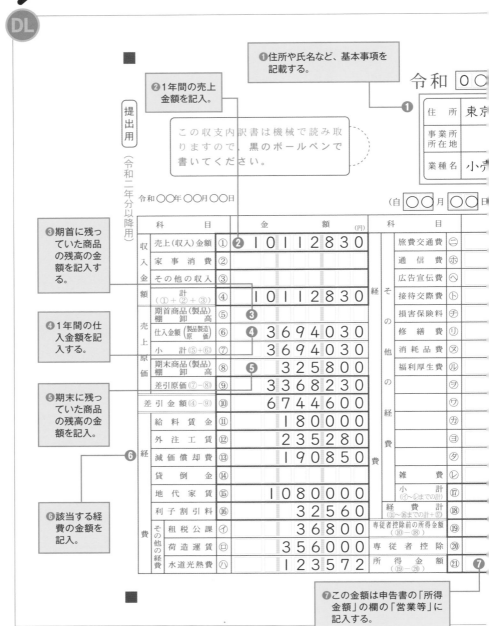

❸期首に残っていた商品の残高の金額を記入する。

❹1年間の仕入金額を記入する。

❺期末に残っていた商品の残高の金額を記入。

❻該当する経費の金額を記入。

	科　目		金　額 (円)
収入金額	売上(収入)金額	①	❷ 10112830
	家事消費	②	
	その他の収入	③	
	計 (①＋②＋③)	④	10112830
売上原価	期首商品(製品)棚卸高	⑤	❸
	仕入金額 (製品製造原価)	⑥	❹ 3694030
	小計(⑤＋⑥)	⑦	3694030
	期末商品(製品)棚卸高	⑧	❺ 325800
	差引原価(⑦－⑧)	⑨	3368230
	差引金額(④－⑨)	⑩	6744600
経費	給料賃金	⑪	180000
	外注工賃	⑫	235280
	減価償却費	⑬	190850
	貸倒金	⑭	
	地代家賃	⑮	1080000
	利子割引料	⑯	32560
その他の経費	租税公課 ㋑		36800
	荷造運賃 ㋺		356000
	水道光熱費 ㋩		123572

	科　目		金　額
経費 その他の経費	旅費交通費	㊁	
	通信費	㋭	
	広告宣伝費	㊭	
	接待交際費	㋬	
	損害保険料	㋷	
	修繕費	㋷	
	消耗品費	㋸	
	福利厚生費	㋹	
		㋺	
		㋬	
		㋕	
		㋙	
		㋟	
	雑費	㋸	
	小計(㋑～㋸までの計)	⑰	
	経費計(⑪～⑯までの計＋⑰)	⑱	
専従者控除前の所得金額(⑩－⑱)		⑲	
専従者控除		⑳	
所得金額(⑲－⑳)		㉑	❼

❼この金額は申告書の「所得金額」の欄の「営業等」に記入する。

FA7000

年分収支内訳書（一般用）あなたの本年分の事業所得の金額の計算内容をこの表に記載して確定申告書に添付してください。

		フリガナ	ナツメ　ハナコ		事務所所在地	
都○○区○○ ○-○		氏　名	夏目　華子	依頼税理士等		
		電話番号	（自　宅）00-0000-0000（事業所）		氏　名（名称）	
屋号	ノーブル・ラズライト	加入団体名			電話番号	

	整理番号	

○○月○○日）

○給料賃金の内訳

額 (円)		氏　名（年齢）	従事月数	給料賃金賞与	合　計	所得税及び復興特別所得税の源泉徴収税額
138200		青色太郎（20歳）	6月	180,000円	180,000円 ⑧	円
350202		（　歳）				
263520						
352572		（　歳）				
13500						
28910		（　歳）				
382560		その他（　人分）				
132560		計　延べ従事月数	6	180,000 ⑪	180,000	

⑧従業員に支払った給料の金額を記入する。

○税理士・弁護士等の報酬・料金の内訳

支 払 先 の 住 所 ・ 氏 名		

96890	
275286	
993976	
750624	
0	
750624	

○事業専従者の氏名等

氏　名（年齢）	続
（　歳）	
（　歳）	
（　歳）	
延べ従事月数	

●収支内訳書は、白色申告の場合に提出する書式で、2ページある
●このサンプルでは、134ページの「夏目さん」が白色申告をした場合の書き方を記している
●1ページ目は、青色申告の損益計算書（134ページ参照）に相当する収支の内訳と、従業員を雇っている場合の給与賃金の内訳を記載する

⑬
⑭
⑮
⑲

－1－

DL

❶売上金額の明細を記入。

○売上（収入）金額の明細

（令和二年分以降用）

売 上 先 名	所 在 地	売上（収入）金額
○○　○○	○○○○○○○○○	4,278,00
○○○（株）	○○○○○○○○○	2,800,60
○　○○	○○○○○○○○○○○	1,229,01
○○屋	○○○○○○○○○	731,00
上 記 以 外 の 売 上 先 の 計		1,074,22
右記①のうち軽減税率対象 うち　　　　　　円	計	① 10,112,83

❸ **○減価償却費の計算**

❸減価償却費を計上した場合に、償却方法（定額法か定率法か）や耐用年数などを記入。

減価償却資産の名称等（繰延資産を含む）	面積又は数量	取得年月	㋑取得価額（償却保証額）	㋺償却の基礎になる金額	償却方法	耐用年数	㋩償却率又は改定償却率	㊁本の其
営業車	1台	○年.6月	（1,526,800）円	1,526,800円	定率法	4年	0.250	
		・	（　）					
		・	（　）					
		・	（　）					
		・	（　）					
計								

（注）　平成19年4月1日以後に取得した減価償却資産について定率法を採用する場合にのみ㋑欄のカッコ内

❹ **○地代家賃の内訳**

❹事務所や店舗などを賃借している場合に、権利金、更新料、賃料などを記入。

支払先の住所・氏名	賃借物件	本年中の賃借料・権利金等	左の賃借料の必要経費算
東京都○○区○○ ○－○　　○○　　○○	事務所	権 0円 更 0 賃 1,080,000	
		権 更 賃	

○利子割引料の内訳（金融機関を除く）

支払先の住所・氏名	期末現在の借入金等の金額	本年中の利子割引料	左のうち経費算入
	円	円	

❷仕入金額の明細を記入。

番号 □□□■□□□ □

F A 7 0 5 0 ■

○仕入金額の明細 ❷

仕　入　先　名	所　　　在　　　地	仕　入　金　額
○○○（株）	○○○○○○	1,231,500 円
○○○商事	○○○○○○○○○○	938,620
○○　○○	○○○○○○○○○	754,500
（株）○○	○○○○○○○	138,190
上　記　以　外　の　仕　入　先　の　計		631,220
右記⑥のうち 軽減税率対象	うち　　　　　　　　円　　　　計	⑥ 3,694,030

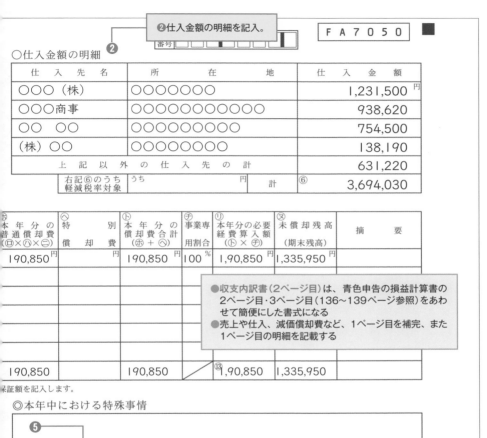

㋺本 年 分 の 普 通 償 却 費 (ロ×㋥×㋬)	㋬特　　別 償　却　費	㋣本 年 分 の 償却費合計 (㋭+㋬)	㋠事業専 用割合	㋷本年分の必要 経費算入額 (㋣×㋠)	㋦未償却残高 (期末残高)	摘　　　要
190,850 円	円	190,850 円	100 %	1,90,850	1,335,950 円	
190,850		190,850		⑬ 1,90,850	1,335,950	

●収支内訳書（2ページ目）は、青色申告の損益計算書の 2ページ目・3ページ目（136〜139ページ参照）をあわ せて簡便にした書式になる
●売上や仕入、減価償却費など、1ページ目を補完、また 1ページ目の明細を記載する

保証額を記入します。

◎本年中における特殊事情

❺

❺例年と数字が大幅に変わった場合、たとえば、 「売上が急激に増加（減少）した」「扱ってい た商品が変わり、原価率が大きく変わった」 などの特殊事情を記載。何もなければ記入 の必要はない。

2 −

5 章

税金の申告方法をマスターしよう！

163

⑦ 住民税を納付する

住民税を納付するのは1月1日に住んでいた自治体。所得税や消費税と異なり、納税者自身が計算や申告を行う必要はない。

1月1日に住んでいた自治体に納付する

住民税は、地方自治体が行政サービスを提供するうえで必要となる経費を、住民に公平に分担することを目的としたもので、「市区町村民税」と「道府県民税」の2種類があります（東京都に限っては「都民税」と「特別区民税」と呼ばれています）。課税対象は、前年の1月1日から12月31日までの所得です。たとえば、2023年に納める住民税の対象は2022年の所得になるわけです。この例では、課税を行うのは2023年1月1日に住んでいた自治体です。年の途中で引っ越して自治体が変わったとしても、日割り計算などは行われません。

住民税には所得割と均等割がある

納める住民税は、①所得割と②均等割の2つからなります。

①所得割　住民が各自の能力に応じて納め、その額は前年の所得金額に所定の税率をかけて計算されます。

②均等割　一定以上の所得のある人に対して均等にかかり、所得金額にかかわらず定額で課税されます。

所得割額と均等割額を合算したものが住民税の合計額になります。

なお、2014年度から2023年までの10年間に限り、地方自治体の防災対策にあてることを目的として、市区町村民税と都道府県民税の均等割額にはそれぞれ500円が加算されます。

ここが重要！

所得税や消費税と異なり、住民税は納税者自身が計算や申告を行う必要がありません。

確定申告の内容に基づいて納税者の納める税金が計算され、毎年6月に市区町村から納税通知書と納付書が送られてきますから、そこに記された金額を納付するだけです。

納付は一時ではなく、6月、8月、10月、翌1月の年4回に分けて行います。市区町村の税事務所で直接納付することもできますし、金融機関やコンビニエンスストアなどで納めることも可能です。

用語　生活保護法　日本国憲法25条の生存権を具体化するために制定された法律。生活に困窮するすべての国民に対し、その困窮の程度に応じ、必要な保護を行うことなどが目的。

住民税の計算方法と非課税対象者

■ 住民税の計算方法（東京都新宿区の場合）

所得割

所得割額＝（所得金額 − 所得控除金額）× 税率［区：6％、都：4％］− 税額控除等

※上記の計算に示されているように、住民税に関しても所得控除と税額控除の制度が存在する。内容は所得税に関して行われるものとほぼ同様。

均等割

特別区民税：3,500 円　都民税：1,500 円

計算式の税率、均等割額は、住んでいる地域によって変わる場合がある！

■ 非課税対象者（東京都新宿区の場合）

以下の者に対しては、住民税の課税がまったくあるいは一部行われない。

全面的に課税されない者

①生活保護法の規定による生活扶助を受けている者
②障害者、未成年者または寡婦（夫）で前年の合計所得金額が135万円以下の者

所得割が課税されない者

前年の総所得金額等が次の金額以下の者
ア 同一生計配偶者及び扶養親族のいない場合　45 万円以下の者
イ 同一生計配偶者または扶養親族のいる場合
　｛35 万円×（同一生計配偶者及び扶養親族の数＋1）+42 万円｝以下の者

均等割が課税されない者

前年の総所得金額等が次の金額以下の者
ア 同一生計配偶者及び扶養親族のいない場合　45 万円以下の者
イ 同一生計配偶者または扶養親族のいる場合
　｛35 万円×（同一生計配偶者及び扶養親族の数＋1）+31 万円｝以下の者

メモ　均等割額は住民税の基本料金部分であり、一律の額が課税される。名古屋市については、恒久減税により3,300円となっている。

⑧ 事業税を納付する

法定の業種に該当するかどうかは事業の実態に即して判断される。住民税と同様、確定申告とは別に、そのための計算や申告を行う必要はない。

事業かどうかは客観的に判断される

事業税は、法律で定められた所定の業種の事業を行っている事業主に課される地方税です。

事業税の課税対象となる業種は、物品販売業、製造業などの第1種事業、畜産業、水産業などの第2種事業、税理士、弁護士などの第3種事業に分けられています。税率は右ページの表に示されているように、それぞれ異なっています。これらの法定の業種に該当するかどうかは、事業の実態に即して判断されることになります。

つまり、「自分の事業は製造業ではない」と思っていても、客観的な事実をもとに製造業とみなされ、事業税を課税されるかもしれないわけです。

事業税の計算方法

事業税の課税対象は前年の事業の所得であり、事務所や店舗の所在する都道府県に対して納税します。

具体的な税額は、前年の1月1日から12月31日までの1年間の事業で生じた事業所得などから、必要経費や各種控除額などを差し引いて計算されます。

たとえば、個人に対して課される事業税については、事業主控除として年間290万円が控除されます。営業期間が1年未満の場合には、控除額は月割額で導き出されることになります。

また、生計を同じくする親族が従業員となっている場合には、一定額を控除することができます。

ここが重要!

事業税も住民税と同様、計算や申告を行う必要がありません（ただし、確定申告の申告書の「事業税に関する事項」欄に必要事項を記入する必要はあります）。

納税通知書と納付書は、各自治体から毎年7、8月にかけて送られてきます。それに基づいて8月と11月に年2回納付します。

都道府県税事務所のほか、金融機関やコンビニエンスストアなどで納めることが可能な点も、住民税とまったく同じです。

用語 卸売業者（おろしうり）　問屋や商社など商品を仕入れて小売業者などに再販売する業者。単に「卸」と呼ばれることもある。

法定業種と税率

区分	税率	事業の種類			
第1種事業 (37業種)	5%	物品販売業	運送取扱業	料理店業	遊覧所業
		保険業	船舶定係場業	飲食店業	商品取引業
		金銭貸付業	倉庫業	周旋業	不動産売買業
		物品貸付業	駐車場業	代理業	広告業
		不動産貸付業	請負業	仲立業	興信所業
		製造業	印刷業	問屋業	案内業
		電気供給業	出版業	両替業	冠婚葬祭業
		土石採取業	写真業	公衆浴場業（むし風呂など）	―
		電気通信事業	席貸業	演劇興行業	―
		運送業	旅館業	遊技場業	―
第2種事業 (3業種)	4%	畜産業	水産業	薪炭製造業	―
第3種事業 (30業種)	5%	医業	公証人業	設計監督者業	公衆浴場業（銭湯）
		歯科医業	弁理士業	不動産鑑定業	歯科衛生士業
		薬剤師業	税理士業	デザイン業	歯科技工士業
		獣医業	公認会計士業	諸芸師匠業	測量士業
		弁護士業	計理士業	理容業	土地家屋調査士業
		司法書士業	社会保険労務士業	美容業	海事代理士業
		行政書士業	コンサルタント業	クリーニング業	印刷製版業
	3%	あんま・マッサージまたは指圧・はり・きゅう・柔道整復 その他の医業に類する事業			装蹄師業

メモ　法定業種は適宜、改正が行われている。たとえば、平成9年には第1種事業に「保険業」が追加され、平成19年には第3種事業から「助産師業」が除外されている。

⑨ 消費税の仕組み

事業者が商品などの仕入を行うときにも消費税が発生する。事業開始から
最初の2年間は、無条件で免税事業者として扱われる。

消費税を負担するのは消費者

消費税は、商品やサービスの消費が行われた際に、それらの提供を受けた消費者が負担する税金です。

一般消費者だけでなく、自営業者や会社などの事業者が商品などの仕入を行うときにも消費税が発生します。

たとえば、卸売業者から仕入れた商品を、自分の経営する小売店で販売したとします。その場合、卸売業者には消費税を払い、小売店で買った顧客からは消費税を受け取ることになります。この払った消費税と受け取った消費税の差額を、納税しなければなりません。

このように、消費税は消費者が負担した税金を、事業者が納税する仕組みとなっています。そのため、商品やサービスの価格を設定するときには消費税の額を含めることが必要です。なお、政策的な理由から消費税を課されない取引もあります（右ページ参照）。

免税事業者は消費税の納付が免除される

消費税を課税される事業者は「課税

事業者」といいます。一定の条件を満たした事業者は、消費税の納付が免除されます。このような事業者を「免税事業者」といいます。

個人事業主が免税事業者となるためには、前々年の課税売上と前年の1月から6月までの課税売上もしくは給与支払総額が1,000万円以下であることが必要です。ただし、事業開始から最初の2年間は、無条件で免税事業者として扱われます。

課税事業者となった場合には届出が必要

課税事業者になった場合は、翌年の3月末までに消費税の確定申告を行って納付をしなければなりません（法人の場合は事業年度の終了の日の翌日から2か月以内）。

また、課税事業者になったら「消費税課税事業者届出書」を提出する必要があります。逆に納税義務者でなくなったときには、「消費税の納税義務者でなくなった旨の届出書」を提出します。

これらは提出期限は決められていませんが、すみやかな届出が求められます。

用語 **免税取引（輸出免税取引）** 輸出として行われる資産の譲渡など、外国で消費されるものにかかる取引で、消費税が免除される。

免税事業者と非課税取引

■ 免税事業者（個人事業主の場合）になる条件

● 開業から2年間
● 基準期間（前々年）の課税売上高が1,000万円以下であること、さらに、特定期間（前年の1月1日から6月30日まで）の課税売上高または給与支払額が1,000万円以下であること

■ 主な非課税取引

土地の譲渡及び貸付け	借地権などの権利を含む。ただし、1か月未満の土地の貸付けや青空駐車場以外の施設のある駐車場の土地利用を除く
有価証券などの譲渡	有価証券や登録国債、合名会社などの社員の持分、抵当証券、金銭債権などの譲渡（株式・出資・預託によるゴルフ会員権などの譲渡を除く）
支払手段の譲渡	紙幣や硬貨、仮想通貨、小切手、約束手形などの譲渡（これらを収集品として譲渡する場合を除く）
預貯金の利子、保険料を対価とする役務の提供など	預貯金や貸付金の利子、信用保証料、合同運用信託や公社債投資信託の信託報酬保険料、共済掛金など
社会保険医療の給付など	医療（自由診療、美容整形、差額ベッドの料金、市販医薬品などを除く）、労災保険など
介護保険サービスの提供	介護保険法に基づく保険給付の対象となる居宅サービス、施設サービスなど（サービス利用者の選択による特別な居室の提供や送迎などの対価を除く）
社会福祉事業などによるサービスの提供	社会福祉法や更生保護事業法などに基づく各種サービス
助産	医師、助産師などによる助産に関するサービス
一定の身体障害者用物品の譲渡や貸付け	車いすや義肢など、身体障害者用物品の譲渡・貸付け、製作の請負など
学校教育	学校教育法に規定する学校、専修学校などの授業料、入学検定料、入学金、施設設備費、在学証明手数料など
住宅の貸付け	契約において人の居住のために使われることが明らかなもの（1か月未満の貸付けなどを除く）

（その他）郵便切手類の譲渡、印紙の譲渡、証紙の譲渡、商品券・プリペイドカードなど物品切手などの譲渡、外国為替業務にかかる役務の提供、火葬料・埋葬料に対する役務の提供、教科用図書の譲渡など

メモ　非課税取引では、消費税を計算する際の「仕入税額控除」が認められていない。免税取引では認められている（内国消費税の国外消費者への転嫁を防止する観点から）。

169

⑩ 消費税の計算方法

原則課税方式は小規模事業者にとってはかなりの負担となるため、課税売上高が5,000万円以下である事業者には簡易課税方式も認められている。

原則課税方式とは

　納付する消費税の額は、事業主が受け取った消費税から支払った消費税の額を差し引くことによって求められます。このような消費税の計算方法を「原則課税方式」といいます。

　原則課税方式では、消費税がかかわる取引をすべて記録しておかなければならず、小規模事業者にとってはかなりの負担となります。そこで、前々年（会社の場合は前々期）の課税売上高が5,000万円以下である事業者には、簡便な計算方法として「簡易課税方式」を選択することも認められています。

　簡易課税方式では、売上にかかわる消費税額に「みなし仕入率」をかけて、納税額を求める仕組みになっています。「みなし仕入率」は、業種ごとに決まっており、たとえば飲食店業では、60%とされています。

簡易課税方式を選ぶためには届出が必要

　簡易課税制度を利用すれば、消費税にかかわる手間と時間を大幅に減ら

せますし、また税額が安くなる可能性もあります。

　ただし、いくつかの注意点もあります。まず、簡易課税方式を選択する場合、同方式を選択しようとする年の前年の末日（12月31日）までに、「消費税簡易課税制度選択届出書」を税務署に提出しなければなりません。また、選択してから2年間は継続することが必要です。

　なお、簡易課税方式をやめるときにも届出をしなければなりません。

ここが重要！

　消費税の税率は、税制改正によって2019年10月から10%に引き上げられました。消費税の税率アップとともに軽減税率も導入されています

　また、2023年10月からは、複数税率に対応した消費税の仕入税額控除の方式として適格請求書等保存方式（いわゆるインボイス制度）が導入され、「適格請求書」（インボイス）の保存が、仕入税額控除の要件になります。

用語　不課税取引　課税取引ではない、給与、寄附金、補助金、試供品、保険金、共済金、株式の配当金、損害賠償金など。

消費税の計算方法

原則課税方式

納税額＝（課税売上高）×10％－（課税仕入高）×10％

※課税売上高は、消費税の対象となるすべての売上高、課税仕入高は消費税の対象となるすべての仕入高。

簡易課税方式

納税額＝（課税売上高）×10％－｛（課税売上高）×10％×みなし仕入率｝

事業区分	該当する主な事業	みなし仕入率
第1種事業	卸売業	90％
第2種事業	小売業	80％
第3種事業	製造業、農林漁業、鉱業、建設業など	70％
第4種事業	飲食店業やその他の第1種事業、第2種事業、第3種事業、第5種事業、第6種事業以外の事業	60％
第5種事業	運輸通信業、金融・保険業、飲食店以外のサービス業	50％
第6種事業	不動産業	40％

例 小売業で課税売上高が4,000万円、課税仕入高が3,000万円の場合

原則課税方式

$$（4,000万円×0.1）－（3,000万円×0.1）＝100万円$$

簡易課税方式

$$（4,000万円×0.1）－（4,000万円×0.1×0.8）＝80万円$$

※簡易課税方式のほうが、消費税が20万円安くなる。

適格請求書等保存方式（インボイス制度）

　2023年10月1日から始まる**適格請求書等保存方式（インボイス制度）**では、税務署長に申請して登録を受けた課税事業者である「**適格請求書発行事業者**」が交付する「**適格請求書**」（いわゆる**インボイス**）等の保存が仕入税額控除の要件となります。「適格請求書発行事業者」は、原則、**令和5年3月31日**までに登録申請書を提出する必要があります。

メモ 仕入れの額が大きいときなどは、簡易課税方式ではなく原則課税方式を選択するほうが有利になる場合もある。

❶ 提出する年月日を記載。

❸ 納税地、住所、氏名など、基本事項を記載する。個人番号（マイナンバー）も記入。

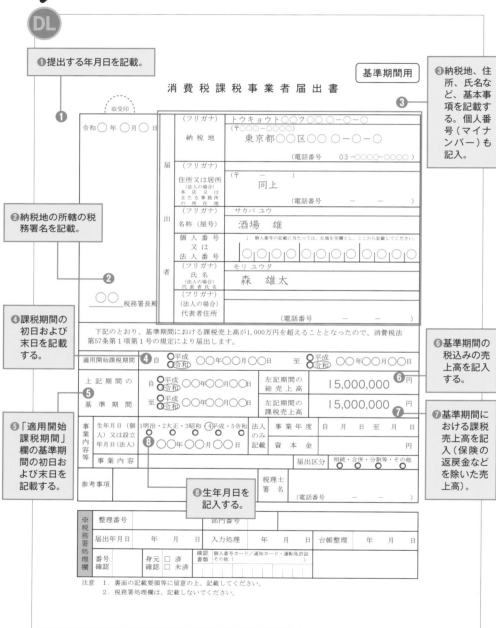

基準期間用

消費税課税事業者届出書

収受印

令和 ○ 年 ○ 月 ○ 日

届出者	（フリガナ）	トウキョウト○○ク○○ ○－○－○
	納税地	（〒○○○－○○○○） 東京都○○区○○ ○－○－○ （電話番号　03－○○○○－○○○○）
	（フリガナ）	
	住所又は居所 （法人の場合） 本店又は 主たる事務所 の所在地	（〒　－　） 同上 （電話番号　－　－　）
	（フリガナ）	サカバ ユウ
	名称（屋号）	酒場 雄
	個人番号 又は 法人番号	↓ 個人番号の記載に当たっては、左端を空欄とし、ここから記載してください。 ○○○○○○○○○○○○
	（フリガナ）	モリ ユウタ
	氏名 （法人の場合） 代表者氏名	森 雄太
	（フリガナ）	
	代表者住所	（電話番号　－　－　）

❷ 納税地の所轄の税務署名を記載。

○○_____税務署長殿

下記のとおり、基準期間における課税売上高が1,000万円を超えることとなったので、消費税法第57条第1項第1号の規定により届出します。

❹ 課税期間の初日および末日を記載する。

| 適用開始課税期間 | 自 ○平成 ○令和 ○○年○○月○○日 | 至 ○平成 ○令和 ○○年○○月○○日 |

❺

| 上記期間の
基準期間 | 自 ○平成
　○令和 ○○年○○月○○日
至 ○平成
　○令和 ○○年○○月○○日 | 左記期間の
総売上高 | 15,000,000 円 |
| | | 左記期間の
課税売上高 | 15,000,000 円 |

❺ 「適用開始課税期間」欄の基準期間の初日および末日を記載する。

❻ 基準期間の税込みの売上高を記入する。

❻ 15,000,000 円

❼ 15,000,000

❼ 基準期間における課税売上高を記入（保険の返戻金などを除いた売上高）。

事業内容等	生年月日（個人）又は設立年月日（法人）	1明治・2大正・3昭和・④平成・5令和 ○ ○ ○ ○ ○ ○○年○○月○○日	法人のみ記載	事業年度	自　月　日 至　月　日
				資本金	円
	事業内容		届出区分	相続・合併・分割等・その他 ○ ○ ○ ○

❽ 生年月日を記入する。

| 参考事項 | | 税理士署名 | （電話番号　－　－　） |

※税務署処理欄	整理番号		部門番号			
	届出年月日	年　月　日	入力処理	年　月　日	台帳整理	年　月　日
	番号確認	身元確認 □ 済 □ 未済	確認書類	個人番号カード／通知カード・運転免許証 その他（　）		

注意　1．裏面の記載要領等に留意の上、記載してください。
　　　2．税務署処理欄は、記載しないでください。

消費税の納税義務者でなくなった旨の届出書サンプル

DL

❸納税地、住所、氏名など、基本事項を記載する。個人番号（マイナンバー）も記入。

❶提出する年月日を記載。

消費税の納税義務者でなくなった旨の届出書

❸

収受印

❶ 令和○年 ○月 ○日

❷納税地の所轄の税務署名を記載。

❷

○○税務署長殿

❹納税義務が免除されることとなる課税期間の初日および末日を記載する。

❺「この届出の適用開始課税期間」欄に記載した課税期間の基準期間の初日および末日を記載する。

届出者	（フリガナ）	トウキョウト○○ク○○ ○－○－○
	納税地	（〒○○○－○○○○） 東京都○○区○○ ○－○－○ （電話番号　03-○○○○-○○○○）
	（フリガナ）	モリ ユウタ
	氏名又は名称及び代表者氏名	森　雄太
	個人番号又は法人番号	↓ 個人番号の記載に当たっては、左端を空欄とし、ここから記載してください。 ○○○○○○○○○○○○

下記のとおり、納税義務がなくなりましたので、消費税法第57条第1項第2号の規定により届出します。

①	この届出の適用開始課税期間	❹ 自 ○平成 ○令和 ○○年○○月○○日　至 ○平成 ○令和 ○○年○○月○○日
②	①の基準期間	❺ 自 ○平成 ○令和 ○○年○○月○○日　至 ○平成 ○令和 ○○年○○月○○日
③	②の課税売上高	8,500,000 円 ❻

※1 この届出書を提出した場合であっても、特定期間（原則として、①の課税期間の前年の1月1日（法人の場合は前事業年度開始の日）から6か月間）の課税売上高が1千万円を超える場合には、①の課税期間の納税義務は免除されないこととなります。
　2 高額特定資産の仕入れ等を行った場合に、消費税法第12条の4第1項の適用がある課税期間については、当該課税期間の基準期間の課税売上高が1千万円以下となった場合であっても、その課税期間の納税義務は免除されないこととなります。
（詳しくは、裏面をご覧ください。）

納税義務者となった日	❼ ○平成 ○令和 ○○年 ○○月 ○○日
参考事項	❼左ページ「消費税課税事業者届出書」の「適用開始課税期間」欄の初日を記載する。
税理士署名	（電話番号　　－　　－　　）

❹納税義務が免除されることとなる課税期間の初日および末日を記載する。

❺「この届出の適用開始課税期間」欄に記載した課税期間の基準期間の初日および末日を記載する。

❻基準期間における課税売上高を記入（保険の返戻金などを除いた売上高）。

※税務署処理欄	整理番号		部門番号					
	届出年月日	年　月　日	入力処理	年　月　日		台帳整理	年　月　日	
	番号確認	身元確認 □済 □未済	確認書類	個人番号カード／通知カード・運転免許証 その他（　　　）				

注意　1．裏面の記載要領等に留意の上、記載してください。
　　　2．税務署処理欄は、記載しないでください。

5章

税金の申告方法をマスターしよう！

消費税簡易課税制度選択届出書サンプル

DL

❶提出する年月日、納税
地の所轄の税務署名を
記載。

❷納税地と氏名を記載する。

第9号様式

消費税簡易課税制度選択届出書

収受印			
令和○年○月○日	届出者	（フリガナ）	トウキョウト○○ク○○○○－○－○
		納税地	（〒○○○－○○○○） 東京都○○区○○○○－○－○ （電話番号　03－○○○○－○○○○）
		（フリガナ）	モリ ユウタ
○○税務署長殿		氏名又は名称及び代表者氏名	森　雄太
		法人番号	※個人の方は個人番号の記載は不要です。

❸簡易課税制度の適用を受けようとする課税期間の初日および末日を記載する。

下記のとおり、消費税法第37条第1項に規定する簡易課税制度の適用を受けたいので、届出します。

☐ 消費税法施行令等の一部を改正する政令（平成30年政令第135号）附則第18条の規定により消費税法第37条第1項に規定する簡易課税制度の適用を受けたいので、届出します。

①	適用開始課税期間	自 令和○○年○○月○○日	至 令和○○年○○月○○日 ❸
②	①の基準期間	自 令和○○年○○月○○日	至 令和○○年○○月○○日 ❹
③	②の課税売上高 ❺		15,000,000 円

❹「適用開始課税期間」欄の基準期間の初日および末日を記載する。

事業内容等	事業の内容） 飲食業（居酒屋店）	（事業区分）第 4 種事業 ❻

❺基準期間における課税売上高を記入（保険の返戻金などを除いた売上高）。

❻具体的な事業内容と、事業区分（171ページ参照）のうち、該当する事業の種類を記載する。

	次のイ、ロ又はハの場合に該当する （「はい」の場合のみ、イ、ロ又はハの項目を記載してください。） ❼	はい ☐　いいえ ☑	
イ	消費税法第9条第4項の規定により課税事業者を選択している場合	課税事業者となった日	令和　年　月　日
		課税事業者となった日から2年を経過する日までの間に開始した各課税期間中に調整対象固定資産の課税仕入れ等を行っていない	はい ☐
ロ	消費税法第12条の2第1項に規定する「新設法人」又は同法第12条の3第1項に規定する「特定新規設立法人」に該当する（該当していた）場合	設立年月日	令和　年　月　日
		基準期間がない事業年度に含まれる各課税期間中に調整対象固定資産の課税仕入れ等を行っていない	はい ☐
ハ	消費税法第12条の4第1項に規定する「高額特定資産」を行っている場合（同条第2項の規定の適用を受ける場合	仕入れ等を行った課税期間の初日	令和　年　月　日
	A	この届出による①の「適用開始課税期間」は、高額特定資産の仕入れ等を行った課税期間の初日から、同日以後3年を経過する日の属する課税期間までの各課税期間に該当しない	はい ☐
	仕入れ等を行った資産が高額特定資産に該当する場合はAのⅡ欄を、自己建設高額特定資産に該当する場合は、BのⅡ欄をそれぞれ記載してください。	仕入れ等を行った課税期間の初日	平成 令和　年　月　日
		建設等が完了した課税期間の初日	令和　年　月　日
	B	この届出による①の「適用開始課税期間」は、自己建設高額特定資産の建設等に要した仕入れに係る支払対価の額の累計額が1千万円以上となった課税期間の初日から、自己建設高額特定資産の建設等が完了した課税期間の初日以後3年を経過する日の属する課税期間までの各課税期間に該当しない	はい ☐

❼すべてに該当しない場合、「いいえ」にレ点を入れる。

※ 消費税法第12条の4第2項の規定による場合は、ハの項目を次のとおり記載してください。
1 「自己建設高額特定資産」は、「調整対象自己建設高額資産」と読み替える。
2 「仕入れ等を行った」は、「消費税法第36条第1項又は第3項の規定の適用を受けた」と、「自己建設高額特定資産の建設等に要した仕入れに係る支払対価の額の累計額が1千万円以上となった」は、「調整対象自己建設高額資産について消費税法第36条第1項又は第3項の規定の適用を受けた」と読み替える。

※ この届出書を提出した課税期間が、上記イ、ロ又はハに記載の各課税期間である場合、この届出書提出後、届出を行った課税期間中に調整対象固定資産の課税仕入れ等又は高額特定資産の仕入れ等を行うと、原則としてこの届出書の提出はなかったものとみなされます。詳しくは、裏面をご確認ください。

参 考 事 項	
税 理 士 署 名	（電話番号　　－　　　－　　　）

※税務署処理欄	整理番号		部門番号				
	届出年月日	年　月　日	入力処理	年　月　日	台帳整理	年　月　日
	通信日付印	確認	番号確認				

注意　1．裏面の記載要領に留意の上、記載してください。
　　　2．税務署処理欄は、記載しないでください。

174

DL

❶提出する年月日、納税地の所轄の税務署名を記載。

❷納税地と氏名を記載する。

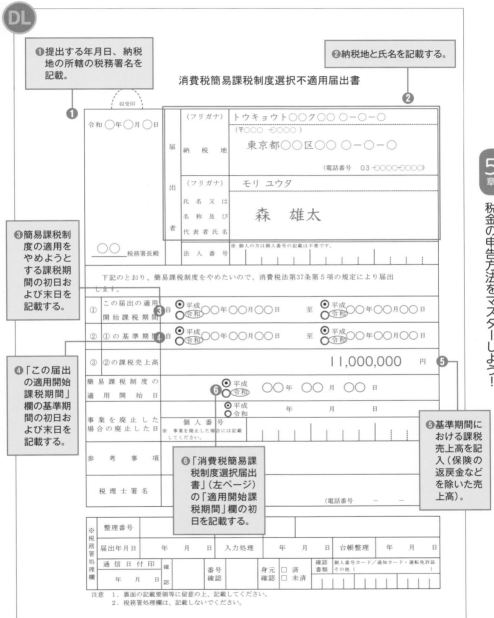

消費税簡易課税制度選択不適用届出書

❸簡易課税制度の適用をやめようとする課税期間の初日および末日を記載する。

❹「この届出の適用開始課税期間」欄の基準期間の初日および末日を記載する。

❺基準期間における課税売上高を記入(保険の返戻金などを除いた売上高)。

❻「消費税簡易課税制度選択届出書」(左ページ)の「適用開始課税期間」欄の初日を記載する。

注意　1. 裏面の記載要領等に留意の上、記載してください。
　　　2. 税務署処理欄は、記載しないでください。

5章　税金の申告方法をマスターしよう！

175

⑪ 税金トラブルがあった 場合の対応方法

税金絡みのペナルティには「無申告加算税」「延滞税」「過少申告加算税」
「重加算税」がある。確定申告は正しく行うこと。

税額を間違えて 申告した場合の対応

　所得税、消費税に関しては納める税金を自分で計算するため、ミスをする可能性もあります。その結果として、税額を多く申告したり、逆に少なく申告してしまうことも起こり得ます。申告を間違えたときには、どのような対応をとればよいのでしょうか。

　まず、申告期限前であれば、内容を訂正した申告書を提出すればよいだけです。それに対して、申告期限後の場合の対応については、少なく申告していたのか、多く申告していたのかによって変わります。前者の場合には修正申告を行い、差額を追加で納税することになります。一方、後者の場合には更正の請求書を提出します。そして税務署に納めすぎの税金があると認められたときには、その還付が行われます。更正の請求書を提出できるのは、申告期限から5年までなので注意が必要です。

税務調査に要注意

　何らかの理由のために、申告期限までに確定申告ができなかったり、納付期限までに税金を納付できなかった場合には、ペナルティを受けるおそれがあります。

　具体的には、申告期限までに確定申告を行わなかった場合には無申告加算税が、また納付期限までに税金を納付しなかった場合には延滞税が課される可能性があります。

　税金絡みのペナルティとしては、申告した税額が本来の額よりも少なかった場合に課される過少申告加算税や、申告内容に事実の仮装や隠ぺいがあり悪質と判断されたときに課される重加算税もあります。

　こうしたペナルティが課される行為は、税務調査の結果として発覚することが少なくありません。

　税務調査とは、税金の申告が適正に行われているのか否かをチェックすることを目的として税務当局によって行われる調査です。

　申告書に不自然なところがある場合などに税務調査は実施されるので、無用な疑いを避けるためにも、確定申告は正しく行いましょう。

用語 修正申告 確定申告に基づいて納付した税金が少なかった場合や、税務調査において誤りが指摘されたときに申告内容を修正する手続き。

主な税金のペナルティと税務調査の種類

主な税金のペナルティ

種　類	課される場合	内　容
延滞税	納付期限までに税金を納付しない場合	利息に相当する税金が課される
無申告加算税	申告期限までに確定申告をしなかった場合	納税額に10%または15%を乗じた額
過少申告加算税	申告した税額が本来の額よりも少なかった場合	プラスして納める税金に5%または10%を乗じた額
重加算税	税額の計算の基礎となる事実などを偽ったり、隠ぺいしたりするなど、故意に実際よりも少ない納税額の申告を行った場合など	過少申告にあたる場合は、プラスして納める税金に35%を乗じた額。無申告の場合には40%を乗じた額

税務調査の種類

強制調査	国税局査察部（通称「マルサ」）が裁判所の発した令状に基づき、強制的に証拠物件を押収して行う調査。悪質な脱税事案に関して行われる
任意調査	所轄税務署が、適正な課税処分を目的として、必要に応じて実施する調査。質問検査権が行使された場合には、質問などに応じない者に対してペナルティが課されることもあるが、基本的には納税者の同意のもとに行われる

※任意調査が行われるときには、納税者または税理士などに、**電話**または**文書**で **1週間以上前** に事前通知されるのが一般的。日程について都合が悪ければ、日程の変更を求めることができる。**現金で商売する事業者** などには、抜き打ちで調査することが認められている

5章 税金の申告方法をマスターしよう！

コラム

不当要求を受けたら
自治体の相談窓口に相談する

　事業を続けていると、暴力団などの「**反社会的勢力**」からの被害を受けるリスクもあります。

　実際、警視庁の調査（平成28年度 企業を対象とした反社会的勢力との関係遮断に関するアンケート）によれば、過去5年間に反社会的勢力からの「**不当要求**」を受けた経験がある企業は**2.8%**に及んでいました。「不当要求」とは、みかじめ料や用心棒料等を要求する行為、因縁をつけて金品や値引きを要求する行為、工事発注や下請参入などを要求する行為です。

　「暴力団なんて映画やドラマ、漫画の世界でしか見たことがない」という人にとっては「被害を受けている企業が意外と多い」と思われる数字ではないでしょうか。

　ことに、繁華街でお酒の提供を中心とする飲食店を経営するような場合には、暴力団などから不当な要求を受けるおそれが高まります。

　万が一、反社会的勢力とのトラブルに巻き込まれた場合には、各自治体の専用の相談窓口に相談するとよいでしょう。たとえば、東京都では、暴力団の関係者からアプローチを受けた人などのために、以下のような窓口を用意しています（ほかの自治体でも同様の相談窓口があります）。

●暴力ホットライン（24時間対応）

　警視庁組織犯罪対策第三課　電話：03-3580-2222

●暴力団追放運動推進都民センター

　公益財団法人　暴力団追放運動推進都民センター

　電話：0120-893-240（フリーダイヤル）　電話：03-3291-8930

　月曜日から金曜日まで（祝祭日は除く）　午前9時から午後5時まで

●警視庁管内特殊暴力防止対策連合会（特防連）

　公益社団法人　警視庁管内特殊暴力防止対策連合会（特防連）

　電話：03-3581-7561

　月曜日から金曜日まで（祝祭日は除く）　午前9時から午後5時まで

6章

事業をステップアップする

事業が軌道に乗ったら「法人化」などのステップアップも視野に入れよう。キーワードは、ヒト（従業員・人脈）とカネ（資金調達・節税）、そして技術の活用！

① 補助金・助成金を活用する

補助金と助成金は、企業や個人事業主を支援するために国や地方自治体、民間団体などから支給されるもの。ただし、基本的に後払い。

資金調達の選択肢を広げる

事業を成長・発展させるうえでは、資金調達の選択肢を広げていくことが求められます。仕入を増やすために、新たな商品・サービスの開発のために、新規店舗の出店のためになど、資金はいくらあっても困るものではありません。逆に事業資金が限られていると、成長には限界が出てしまいます。

そこで、利益を安定して得られるようになった段階で、地元の金融機関、具体的には信用金庫や地方銀行などに問い合わせて、運転資金の融資は可能かどうか、打診してみるとよいでしょう。起業時には相手にしてくれなかった民間の金融機関も、事業が黒字であることを知れば「融資をしようか」という気持ちになるかもしれません。

補助金・助成金とは何か

資金を集める方法として、補助金と助成金の利用も検討しましょう。これらは、いずれも企業や個人事業主を支援するために国や地方自治体、民間団体などから支給されるお金です。

銀行などから借りるお金と違って、原則として返済義務のない点は共通していますが、一般に補助金は採択件数や金額があらかじめ決まっているのに対して、助成金は資格要件さえ満たせば基本的に受給できるという点が異なっています。

また、補助金は公募制の形をとることも多く、その場合には、応募された申請に関して審査が行われ、より優れていると判断されたものに対して優先的に支給されます。審査期間が終わるまでは、補助金を得られるかどうかわかりません。申請期間も一般に短く、気づいたときには募集が終わっていたということになりがちです。このような補助金に比べると、助成金のほうが利用しやすいといえるでしょう。

なお、補助金・助成金は、いずれも基本的に後払いです。たとえば、設備資金のうち30％を補助するという助成金の支給を受ける場合、お金が渡されるのは設備を購入した後になります。したがって、必要な資金は、さしあたり手持ちのお金で立て替えておく必要があります。

用語 公募制　少数の人や限られた対象に限るのではなく、不特定多数の人や組織から広く応募を募る仕組みのこと。

補助金・助成金の情報を得られるサイト

補助金・助成金の情報は、インターネットで収集するのが一番です。以下のサイトを適宜、チェックしてみてください。

経済産業省、厚生労働省のサイト

事業振興や採用促進など、ほとんどの業種に共通してかかわってくる内容の補助金・助成金情報が紹介されています。

各自治体のサイト

都道府県や市区町村の提供する補助金・助成金の内容などが掲載されています。

ミラサポ

https://www.mirasapo.jp/
中小企業庁の委託事業として、中小企業・小規模事業者の広範なサポートを目的に運営されているサイトで、補助金・助成金に関する情報も充実しています。

J-Net21

http://j-net21.smrj.go.jp
中小企業基盤整備機構が運営する中小企業のビジネスを支援するポータルサイトです。サイト内の「支援情報ヘッドライン」を使って、補助金・助成金を含む中小企業、小規模事業者向けの支援施策を検索することができます。

みんなの助成金

https://www.minnano-joseikin.com
行政書士・社労士・税理士・会計士・弁護士・中小企業診断士などの士業の専門家によって厳選された補助金・助成金が紹介されています。上記のサイトがどれも無料なのに対して、利用料が必要になります（試用期間あり）。ピンポイントで自分の事業に適したものを探したい場合に利用を検討してみるとよいかもしれません。

メモ 事業開始時に利用できる補助金・助成金もあるが、確実にもらえるとは限らないので過度に期待するのは禁物。

② 人を上手に使う コツを知る

「コンプライアンスの徹底」「能力に応じた適正な給与・待遇」「ストレス解消への対策」が、結果的に事業の売上や利益の増大にもつながる。

従業員をやめさせないよう努力する

初めは1人で起業したとしても、事業が忙しくなれば人を雇うことが必要になります。また、事業規模が大きくなるのに比例して、雇う人の人数も増やしていかなければなりません。

日本では人手不足が深刻な社会問題となっており、大手企業でさえ人材を集めることに苦心しています。ましてや、社会的認知度も信頼性も高いとはいえない個人事業で十分な人手を確保することは、容易ではないでしょう。

そのため、「どうしても新しい人を採用できない」という状況に陥ることもありえます。そのときに重要になるのは、今いる従業員にできるだけ長く働いてもらうようにすることです。

従業員のストレス解消にも努める

では、従業員の離職を防ぐためには、雇用主としてどのような心構えや対策が求められるのでしょうか。

まず、基本的なことですが、コンプラ

イアンス（法令遵守）は徹底しましょう。不正に手を染めない、法律や社会のルールを守る、さらに公正に業務を遂行するといったことです。

また、従業員の能力に応じた適正な給与と待遇、福利厚生などへの配慮も求められます。資金的に余裕があれば、住宅手当・家賃補助などを検討してみてもよいかもしれません。

従業員の仕事上のストレスに対しても十分な関心を払うことが大切です。具体例をあげると、飲食店や小売店などでは、クレーマー対応に悩んでいる従業員が増えています。対策マニュアルを作成したり、勉強会を開くなどして、適切な対応方法を伝えることが、悩みやストレスの軽減につながるでしょう。

ここが重要！

従業員の離職を防ぐ積極的な対応によって「自分たちのためにこんなにまでしてくれている、それなら…」と従業員の働く意欲も高まるはずです。それは、結果的に事業の売上や利益の増大につながるはずです。

用語 **コンプライアンス** コンプライアンスは法令遵守のこと。事業を行っていくうえで必要な法令などを守ることを意味する。

従業員のストレス対策のポイント

WHO（世界保健機関）は『職場環境とストレス』と題したパンフレットの中で、従業員の
ストレス改善のために以下のような取り組みを推奨しています。

❶ 仕事自体の改善

- 仕事の要求を変える（例：仕事のやり方や職場環境を変える、作業量を今までと
異なるように分ける）
- 効率的に仕事を遂行できるように、従業員が適切な知識や能力をもつこと、あ
るいは身につけることを保証する（例：従業員を正しく選び、訓練し、定期的に
進行状況を確認する）
- 仕事のやり方に関して、従業員に裁量を与える（例：フレックスタイム、ワークシェ
アリングを紹介し、仕事の実施に関してもっと意見を聞く）
- 従業員に対する支援の量と質を増やす（例：従業員の相互連関を認める、協力
および協同作業を推進する）

❷ ストレス管理の訓練

- 娯楽、時間管理、積極性訓練、運動の教室に参加するよう従業員にすすめる

❸ 人間工学と環境計画

- 仕事で使われている設備と職場環境を改善する

❹ 管理能力の開発

- 経営者の仕事のストレスに対する姿勢、知識、理解、そして可能な限り効率的
に課題を処理する能力を改善する

❺ 組織の発展

- よりよい仕事体系、管理体系を実施する。より友好的で支えとなるような文化
を発展させる

❻ 仕事のストレスに関連する問題の早期発見と防止

- 従業員の満足度と健康を定期的にモニターする
- 問題について話し合う相手を従業員が知っていることを確認する
- 本当に難しい問題に直面したときに、従業員が専門的な助けをどこに求めれば
いいのかを知っている。小さい会社では、おそらく第一に従業員のかかりつけ
の開業医に問い合わせる。大きい会社では、独自の健康サービスや従業員補
助プログラムにアクセスする

メモ　従業員のストレスを軽減するための対策を講じない場合、労働法違反や損害賠償責任を問われるおそ
れもある。

③ 人脈を広げる

人脈は事業にとって文字通り、最後の命綱になることもあるほど大切なもの。人脈を利用する際には、ウィンウィンの関係を心がけること。

人脈はなぜ重要か

事業を営む中で、「人脈は宝」であることを知る機会が多々あるでしょう。

まず、人とのつながりを通じて、新たな取引先を紹介してもらえることがあります。また、事業に役立つ有益な情報を教わることもあります。それをもとに、新たなビジネスアイデアを得られることもあるでしょう。

さらに、人づてに優秀な人材を紹介されることも珍しくありません。特に信頼できる人からの紹介であれば、安心して採用することができますし、前述のような人手不足の状況の中では、本当にありがたく感じられるはずです。

また、苦しいときに人から助けてもらえることもあります。実際、世に名を残した企業経営者の中にも、経営危機に陥ったときに、人脈が力となってピンチを切り抜けた人が少なくありません。

大事なのは ウィンウィンの関係

では、人脈を広げるためには、具体的にどのようなことを意識しておけばよいのでしょうか。まずは、人と出会う機会を積極的に増やすことです。同業の集まりや異業種交流会に参加する、勤めていた会社のOB会や高校の同窓会に出席するなど、探せば出会いの場はいくらでもあるはずです。

また、人との関係を築くうえでは、当然、コミュニケーション能力が問われることになります。「コミュニケーションに苦手意識がある」という人は、人との付き合い方などについて指南する自己啓発書やセミナーなどを参考にして、その改善に努めてみましょう。

それから、人脈を利用する際には、ウィンウィンの関係を心がけることが重要です。つまり、自分だけが人脈から利益を得るのではなく、相手にも利益を与えることが必要です。

たとえば、相手から貴重な情報を得たら、自分も同等の情報を提供するようにしましょう。もらうばかりの関係は決して長続きしません。右ページに、人脈づくりのために人は何をしているかという1つのアンケート結果を載せました。これからの人脈づくりに役立ててみてください。

用語 **異業種交流会** 自身のかかわる事業の業種と異なる業種の関係者どうしがコミュニケーションや情報交換などを目的として集まる催し。

人脈づくり

　レンタルオフィス事業などを展開するサーブコープは、2015年に起業家100人を対象に人脈を広げる手段に関するアンケート調査を行っています。以下は、その結果をまとめたグラフです。

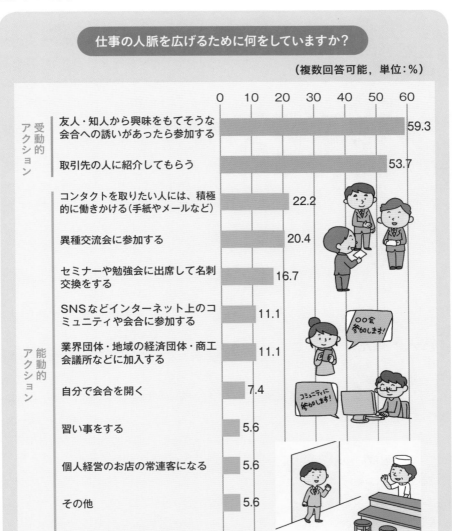

仕事の人脈を広げるために何をしていますか?

（複数回答可能，単位：%）

受動的アクション
- 友人・知人から興味をもてそうな会合への誘いがあったら参加する　59.3
- 取引先の人に紹介してもらう　53.7

能動的アクション
- コンタクトを取りたい人には、積極的に働きかける（手紙やメールなど）　22.2
- 異種交流会に参加する　20.4
- セミナーや勉強会に出席して名刺交換をする　16.7
- SNSなどインターネット上のコミュニティや会合に参加する　11.1
- 業界団体・地域の経済団体・商工会議所などに加入する　11.1
- 自分で会合を開く　7.4
- 習い事をする　5.6
- 個人経営のお店の常連客になる　5.6
- その他　5.6
- 社会サークルに参加する　3.7

メモ　人脈を広げることは大事だが、事業を行っていると怪しげな投資話を持ちかけてくるような者も近づいてくる。そうした用心すべき人物を見抜く眼力も必要になる。

④ IT技術を活用する

事業主自らが行う必要のない作業はできるだけ効率化して時間を短縮し、余った時間をより重要な業務にあてるべき。そのためにITを活用しよう。

企業ではIT化が進められている

近年、日本企業の生産性の低さが広く指摘されています。具体的に述べると、2017年時点の日本の時間当たりの労働生産性はOECD加盟36か国中20位であり、主要先進7か国の中では最下位となっています。

こうした状況を改善するために、国は、現在、生産性の合理化・効率化を図るべく、企業の「IT化」を強く進めており、右ページにあげたようなIT技術の導入や活用を中小企業などに促しています。

個人事業だからこそIT化が必要

こうしたIT技術を前向きに利用する意識は、企業だけでなく、個人事業でも必要です。特に、従業員がいない、いても数人程度の小規模な事業を営んでいる場合には、IT化は必須といってもよいでしょう。

人手に頼れない状況の中では、帳簿の作成や仕事で使う備品の購入、郵便物の発送など、事業主が何もかも自分でやらなければならなくなります。大口取引先との営業交渉のように事業主自らが行う必要のある仕事ならともかく、そうでない作業はできるだけ効率化して時間を短縮し、余った時間をより重要な業務にあてるべきです。

そのために、ITを有効に役立てましょう。たとえば、先に触れた経理作業における会計ソフトの利用は、その一例です。最近では、クラウドの形で経理作業全体をサポートするシステムを提供するサービスもあるので、そうしたものを活用してもよいでしょう。

また、小売業界や飲食業界では、接客を人工知能ロボットに行わせることも検討され始めています。そうした技術を利用すれば、人手不足の悩みもある程度解消できるはずです。自分の事業にIT技術をどう活かすのかを積極的に考えることで、新たなビジネスアイデアも生まれるかも知れません。

なお、IT技術を導入することに対して、国から補助金などの支援が出る場合もあります。そうした公的サポートも利用すれば、大きなコストをかけずに、スムーズなIT化を実現できるでしょう。

用語 **人工知能ロボット** 人工知能（AI）を搭載したロボットで、ソフトバンク社の開発したPepper（ペッパー）などが案内業務などですでに活用されている。

代表的なＩＴ技術

（1）AI

　人工知能（Artificial Intelligence）のこと。人間が行うタスクを実行できるようコンピュータに学習させるディープラーニング（深層学習）の実用化によって、その進化が大きく促されているところであり、現在、幅広い分野での利用が進められている

（2）ビッグデータ

　情報通信技術の発展により、多種性、リアルタイム性という特長を備えた膨大な量のデータが産出・収集・蓄積されるようになった。そうしたデータがビッグデータと呼ばれ、業務の効率化や新規ビジネスの創出などに活用され始めている

（3）クラウド（クラウドコンピューティング）

　アプリケーションソフトウェアなど、さまざまなITサービスをインターネット経由で利用するシステム。作成したデータもインターネット上で保存、共有される。どの端末からでもいつでも好きなときにデータにアクセスしたり、サービスを使えるというメリットがある

（4）IoT

　モノのインターネット（Internet of Things）という意味で、情報機器はもちろん、一般のモノも通信機能を備えた状態の中で、インターネットを通じて情報のやり取りが可能になること。現在、世界的に進められている"デジタル革命"において、AIと並ぶ中核技術とみなされている

（5）RPA

　ロボティック・プロセス・オートメーション（Robotic Process Automation）の略称。付加価値の低い事務作業などをソフトウェアロボット（パソコン上で人間の代わりに作業をするソフトウェア）に行わせる

　資金も人材も簡単に用意できない個人事業では、会計ソフトの利用が最も現実的。無料で始められる**クラウドサービス**もあり、導入しない手はありません。また、以前は大企業だけのものと思われていた**ビッグデータ**も、昨今はオープンデータが増えています。web広告を考えている人にとっては、効率的なターゲティングができるかもしれません。

6章
事業をステップアップする

メモ IT技術の最新情報をフォローしたいのであれば、「日経xTECH（クロステック）」（https://tech.nikkeibp.co.jp）がおすすめ。

⑤ 上手に節税する

家事按分(あんぶん)は経費に計上できる。生命保険や個人年金、小規模企業共済も控除の対象になる。青色申告の特典も活用すること。

なぜ節税対策が必要なのか

ＩＴ化と同様に、事業のムダをなくすための取り組みとして考えておきたいことの１つに、節税対策があります。

もちろん、税金はしっかりと納めなければなりませんが、税制に関する知識不足などが原因で、本来、支払わなくてよい税金を支払ってしまうこともありえます。払いすぎに運よく気づいた場合には、先にも触れたように更正の請求書の提出（176ページ参照）を行って取り戻すことも可能ですが、手間がかかりますし、期限も限られています。

日頃から、税金に対する意識をもっていれば、そのような事態を事前に防ぐことが可能になるでしょう。そうした意味で、上手に節税することを心がけてみてはいかがでしょうか。

家事按分を忘れない

たとえば、計上できる経費を見落とさないだけでも、不要な税金の支払いを避けられます。見落としがちな経費の例としては、生活費と事業費が混在しているケースです。自宅の一部を仕事場として使っている場合には、家賃や水道光熱費、通信費などを、利用しているスペースの面積の割合などに応じて経費として計上することができます。これを「家事按分」といいます。

毎月発生するだけに、積もり重なった金額になるので忘れないように気をつけましょう。また、所得控除も種類が多いので漏れ落ちることがあります。主な所得控除については、150ページで触れましたが、生命保険や個人型確定拠出年金（iDeCo：76ページ参照）に加入していれば控除が可能です。後述する小規模企業共済（200ページ参照）も控除の対象になるので、利用する場合にはしっかりと申告をしましょう。

さらに、基本的なことになりますが、青色申告の特典も積極的に活用することです。特に家族に仕事を手伝ってもらう必要がある場合には、青色事業専従者給与の制度（60ページ参照）を、ぜひ活用してください。税金の負担を大きく減らせることは間違いありません。

節税対策としては、「法人化」も非常に有効です。その詳細については次項で取り上げます。

用語 税制　税金に関する法律や制度のこと。所得税や法人税等の税制は、毎年、多かれ少なかれ改正されており「税制改正」と呼ばれている。

青色申告のメリット

■ 青色申告でどれだけ節税できるか

　国は基本的に「節税」という言葉をあまり使いませんが、青色申告に関しては以下のような試算を示して正面から「節税効果」を謳っています。

（農林水産省のサイトから引用）

> **収入1,000万円、必要経費600万円、配偶者である事業専従者への給与150万円の場合　※所得控除は考慮していない。**
>
> **青色申告者** ：（所得税額）
>
> 1,000万円−600万円−150万円（専従者給与）−65万円（青色申告特別控除）
> ＝185万円（課税所得）
> 185万円×5％＝9.25万円
> （復興特別所得税）9.25万円×2.1％＝0.19万円
> （合計）9.25万円＋0.19万円＝**9.44万円**・・・・・・・・・・・・・・・・・・・・・❶
>
> **白色申告者** ：（所得税額）
>
> 1,000万円−600万円−86万円（事業専従者控除※）＝314万円（課税所得）
> 314万円×10％−9.75万円＝21.65万円
> （復興特別所得税）21.65万円×2.1％＝0.45万円
> （合計）21.65万円＋0.45万円＝**22.10万円**・・・・・・・・・・・・・❷
>
> 22.10万円−9.44万円＝**12.66万円**・・・・・・・・・・・・・・・・・・・・・❷−❶
>
> 青色申告をすれば白色申告に比べて約13万円の節税メリット！

　※**事業専従者控除**：親族への賃金給与が経費にならない白色申告で認められている定額控除。支払った賃金の額に関係なく、一定金額での控除が認められている。

■ 家事按分（生活費と事業費の使用割合）

　家事按分の基準は、主に次のようなものが妥当と考えられています。
- **専有面積**から算出➡地代家賃など
- **使用時間**から算出➡光熱費など
- **使用量**から算出➡光熱費、自動車など

　※白色申告では、業務上必要な部分の割合が50％を超えなければ、必要経費としてみなされないという法令解釈（所得税法）もあり、ここでも青色申告のほうがメリットを受けやすい（青色申告では必要である部分を明らかにできる場合は、50％以下であっても経費にできる）。

6章

事業をステップアップする

メモ 税制改正の結果、過去に可能だった節税対策が難しくなることもある。したがって、節税対策を行う場合には、税制改正の動向にも注意を払うことが必要。

⑥ 法人化を考える

法人税の税率は所得税よりも低く、経費として計上できる金額の範囲も広がる。社会的信用性の向上も大きなメリット。

法人税の税率は所得税よりも低い

事業をさらに大きく成長させるためには、「法人化」を検討することも必要になるかもしれません。法人化とは、これまでの個人事業を、株式会社などを設立して法人事業の形に切り替えることです。

個人ではなく法人として事業を行うことのメリットとしては、まず先にも触れたように、税負担の大きな軽減が期待できることがあげられます。具体的に述べると、法人に対しては所得税に代わって法人税が課されます。所得税の最高税率は、現在45％であるのに対して、法人税の税率は約23％です。

法人が負担する税金は法人税のほかにもありますが、最も大きな割合を占めるのが法人税であることは間違いありません。その税率が所得税よりも低いのですから、法人になれば、それだけで税金が安くなる可能性が高いといえるのです。

また、法人になると個人よりも経費として計上できる金額の範囲が広がります。たとえば、 自分が会社の社長（代表取締役）になれば、その給与を「役員給与」として経費にすることができます。

さらに、法人では、給与所得を計算するときに、給与と賞与の合計額である給与収入から一定額を差し引くことができます。これを「給与所得控除」といい、役員報酬に関しても同様の控除を行えます。

そのため、個人事業主として直接税金を払う場合に比べて、法人化して給料や役員報酬を受け取るほうが、結果的に支払う税金が少なくなるのです。

信用面でもメリットが大きい

法人化のメリットは数多くありますが、もう1つの大きなものに、社会的信用性の向上があります。一般通念として、個人よりも会社のほうが信頼度が高いのは、感覚的にわかると思います。実際、取引先を会社に限定している企業も少なからず存在します。

法人になれば、そうした企業とも取引が可能になりますし、銀行からお金を借りるときなどにも、より有利になるはずです。

　用語　**役員報酬** 取締役や監査役などの役員に支払われる報酬。その額の決め方に関しては、会社法などでルールが定められている。

法人化のメリット・デメリット

メリット

項目	内容
所得税・法人税	所得税の税率は5〜45%。法人税の税率は約23%。所得（利益）が増えていった場合には、法人化したほうが税金が安くなる
給与所得控除	●自分に「役員給与」を支給することで、給与が経費となり、さらに給与所得控除の恩恵を受けることができる ●従業員である親族に給与を支払えば、それも経費になる（自分1人で全額を受け取るのではなく、家族に給料を分散することで、所得税を抑えながら給与所得控除を利用できる）
退職金	退職所得は、課税上一定の配慮をされている。給与を下げて、将来退職金として受け取ることで、所得税が安くなる
事業年度	●個人事業は1〜12月と決まっているが、法人化したら変更できる。決算月と繁忙期をずらすことで、落ち着いて決算対策ができる ●売上のピークが事業年度の前半（法人税などの申告の時期は避ける）になるよう決算月を設定すれば、年間収益の見通しがつきやすく、節税の対策もできる
信用	一般的には、社会的信用が上がり、金融機関からの融資など、資金調達がしやすくなる。また、取引先が確保しやすくなり、取引先の幅が広がる可能性もある

デメリット

項目	内容
会計・事務	税務・会計の処理が複雑化する。また、社会保険などの手続きで事務処理量が大幅に増える
社会保険	健康保険、厚生年金は強制加入になるので、従業員の社会保険料会社負担分はかなり大きい。また、赤字でも役員報酬に対する社会保険料はなくならない
法人住民税	赤字でも最低7万円ほどの税金がかかる

メモ 近年は、法人税の税率が引き下げられているのに対して、所得税の最高税率は逆に引き上げられている。

会社の設立は基本的に、商号・目的・本店所在地など会社の基本事項を決め、定款を定めて、資本金を払い込み、設立登記を行うという流れになる。

おすすめは株式会社

法人化を行う場合、まずは「どの法人を設立するのか」を考える必要があります。

法人には、一般社団法人、一般財団法人などもありますが、営利事業を行う場合には会社を選択することになります。会社には、株式会社、合同会社、合名会社、合資会社の4つがあります。このうちどれにするのかは悩みどころですが、結論からいえば株式会社を選ぶのが無難です。

まず、合名会社と合資会社については、会社が借金を負った場合に、資金の出資者(社員)が弁済の義務を負わなければならなくなる危険性があるので、避けるべきでしょう。

一方、株式会社と合同会社については、そうした危険はありません。そのため、このどちらかを選べば問題ないともいえますが、合同会社は増えてきているとはいえ、株式会社に比べて世間一般になじまれているとはいえません。そのことが会社としての信頼度に微妙な影響をもたらすおそれはあるでしょう。

定款の中身をしっかりと決める

会社の設立方法自体は、株式会社も合同会社も大きな違いはありません。基本的には、どちらも商号・目的・本店所在地など会社の基本事項を決め、定款を定めて、資本金を払い込み、設立登記を行うという流れになります(右ページ参照)。

この中で最も重要となるのは定款の設定です。定款は会社の組織、活動などを定める根本原則であり、記載すべき事項については、会社法で定められています。定款に記載漏れがあると、会社の活動に大きな支障が生じるおそれもあるので、どのような内容にするのかをしっかりと検討し、確定することが大事になります。

資本金に関しては、かつては設立時に1,000万円を払い込まなければなりませんでしたが、現在はそのような規制はありません。法律上は、1円でも設立できますが、資本金の額は会社の信用性にもかかわってくるので、ある程度の額は用意したほうがよいでしょう。

用語 **設立登記** 会社設立の際に行う登記。登記手続きを行う際には、「登録免許税」と呼ばれる費用がかかる。

法人の種類と株式会社設立の流れ

■ 法人の種類

種類	特徴
株式会社	ほかの3つとは異なり、会社の所有と経営が分離している。資金を集めるために多くの出資者を募り、出資者とは別の人が経営を行うことができる会社。出資者となった株主は、出資額に応じて株式を取得し、配当によって利益を得る。一般的に最もなじみの深い法人格
合同会社	会社の所有と経営が一致している形態。原則、出資者は資金を出すだけでなく業務も行う。合名会社、合資会社とともに「持分会社」と総称される。社員は有限責任なので、会社が債務を負っても社員は出資額までしか責任を負わない。LLC（Limited Liability Company）ともいわれ、最近は法人化に利用されることが多い
合名会社	合同会社と同じく持分会社。合同会社とは異なり、社員は無限責任を負う
合資会社	有限責任社員と無限責任社員から構成される

■ 株式会社設立の流れ

❶会社の基本事項を決める
　基本事項は、商号・目的・本店所在地、設立に際して出資される財産の価額またはその最低額、資本金の額、発行可能株式総数、現物出資の有無、会社の公告方法など。

❷会社の実印（代表者印）を作成する
　登記所に提出する印鑑の規格は決められているので、そのサイズに合わせる。

❸定款を作成する
　株主総会、取締役以外の機関の設置など、定款に記載しないと効力が発生しない事項があるので、漏れ落としがないよう気をつける。

❹定款の認証を受ける
　認証は公証（人）役場で公証人が行う。

❺金融機関に資本金を払い込む
　払い込んだ資本金は後日、会社資金として利用できる。

❻設立登記を申請する
　インターネットを利用したオンライン申請も可能。

アドバイス

公証（人）役場は、全国に300ほど所在する。法務省所轄の機関。

6章 事業をステップアップする

メモ　株式会社を設立する場合には、代表取締役、取締役、監査役（取締役会を置かなければ監査役を選任する必要はない）などの機関を整備することも必要となる。

193

定款サンプル（1ページ目、2ページ目）

株式会社○○古書　定款

第1章　総　則　［名称］

（商号）
第1条　当会社は、株式会社○○古書と称する。
（目的）
第2条　当会社は、次の事業を行うことを目的とする。

［事業内容］
　　　(1)　古書の買入れ及び販売
　　　(2)　前各号に附帯又は関連する一切の事業
（本店所在地）
第3条　当会社は、本店を東京都文京区に置く。
（公告方法）　　　　　　　　　　　　　　　［所在地］
第4条　当会社の公告は、官報に掲載する方法により行う。

第2章　株　式　　　　　　　　　　　［株式］

（発行可能株式総数）
第5条　当会社の発行可能株式総数は、１００株とする。
（株券の不発行）
第6条　当会社の発行する株式については、株券を発行しない。
（株式の譲渡制限）
第7条　当会社の発行する株式の譲渡による取得については、取締役の承認を受けなければならない。ただし、当会社の株主に譲渡する場合には、承認をしたものとみなす。
（基準日）　　　　　　　　　　　　　　［決算日］
第8条　当会社は、毎年３月末日の最終の株主名簿に記載又は記録された議決権を有する株主をもって、その事業年度に関する定時株主総会において権利を行使することができる株主とする。
　2　　前項のほか、必要があるときは、あらかじめ公告して、一定の日の最終の株主名簿に記載又は記録されている株主又は登録株式質権者をもって、その権利を行使することができる株主又は登録株式質権者とすることができる。

> ●定款は、会社の組織、活動などを定める根本原則であり、記載すべき事項については、会社法で定められている
> ●掲載しているサンプルの　　　部分を自分の事業に合うように変更して作成のこと

（株主の住所等の届出）

第９条　当会社の株主及び登録株式質権者又はそれらの法定代理人は、当会社所定の書式により、住所、氏名及び印鑑を当会社に届け出なければならない。

２　前項の届出事項を変更したときも、同様とする。

第３章　株主総会

（招集時期）

第１０条　当会社の定時株主総会は、毎事業年度の終了後３か月以内に招集し、臨時株主総会は、必要がある場合に招集する。

（招集権者）

第１１条　株主総会は、法令に別段の定めがある場合を除き、取締役が招集する。

（招集通知）

第１２条　株主総会の招集通知は、当該株主総会で議決権を行使することができる株主に対し、会日の５日前までに発する。

（株主総会の議長）

第１３条　株主総会の議長は、取締役がこれに当たる。

２　取締役に事故があるときは、当該株主総会で議長を選出する。

（株主総会の決議）

第１４条　株主総会の決議は、法令又は定款に別段の定めがある場合を除き、出席した議決権を行使することができる株主の議決権の過半数をもって行う。

（議事録）

第１５条　株主総会の議事については、開催の日時及び場所、出席した役員並びに議事の経過の要領及びその結果その他法務省令で定める事項を記載又は記録した議事録を作成し、議長及び出席した取締役がこれに署名若しくは記名押印又は電子署名をし、株主総会の日から１０年間本店に備え置く。

第４章　取締役

取締役 原則として１人以上

（取締役の員数）

第１６条　当会社の取締役は、 1 名とする。

（取締役の資格）

第１７条　取締役は、当会社の株主の中から選任する。ただし、必要があるときは、株主以外の者から選任することを妨げない。

（取締役の選任）

第１８条　取締役は、株主総会において、議決権を行使することができる株主の議決権の３分の１以上を有する株主が出席し、その議決権の過半数の決議によって選任する。

（取締役の任期）

第１９条　取締役の任期は、選任後５年以内に終了する事業年度のうち最終のものに関する定時株主総会の終結の時までとする。

第５章　計　算

事業年度

（事業年度）

第２０条　当会社の事業年度は、毎年 ４月１日から翌年３月末日まで の年１期とする。

（剰余金の配当）

第２１条　剰余金の配当は、毎事業年度末日現在の最終の株主名簿に記載又は記録された株主又は登録株式質権者に対して行う。

（配当の除斥期間）

第２２条　剰余金の配当がその支払の提供の日から３年を経過しても受領されないときは、当会社は、その支払義務を免れるものとする。

第６章　附　則

（設立に際して出資される財産の価額及び成立後の資本金の額）

第２３条　当会社の設立に際して出資される財産の価額は、金 １００万円とする。

資本金

2　当会社の成立後の資本金の額は、金１００万円とする。

資本金

（最初の事業年度）

第２４条　当会社の最初の事業年度は、当会社成立の日から**令和○○年３月末日**までとする。 **決算日**

（設立時取締役）

第２５条　当会社の設立時取締役は、次のとおりである。

設立時取締役　**○○○○** **取締役**

（発起人の氏名ほか）

第２６条　発起人の氏名、住所及び設立に際して割当てを受ける株式数並びに株式と引換えに払い込む金銭の額は、次のとおりである。

東京都文京区本郷○丁目○番地 **所在地**

発起人　**○○○○**　　　　１０株、金１００万円 **発起人、株式**

（法令の準拠）

第２７条　この定款に規定のない事項は、全て会社法その他の法令に従う。

以上、**株式会社○○古書**設立のため、この定款を作成し、発起人が **名称**
次に記名押印する。

令和○年○○月○○日 **作成日**

発起人　**○○○○**　　　　（印）

発起人

> 株式会社の定款では、合名会社・合資会社・合同会社と異なり、社員の氏名や責任の限度に関する規定を盛り込む必要はありません。そのかわり、出資に関する事項、株式に関する事項を記載する必要があります。

⑧ 法人化の注意点を知る

コストを考えると、ある程度の所得の規模がないと法人化は割にあわないこともある。事業年度と決算日の設定は注意が必要。

法人はランニングコストがかかる

法人になると、個人事業にはなかったコストが発生します。たとえば、法人の払う税金に関しては、法人住民税が均等割の形で最低でも約7万円が毎年生じます。また、税理士に決算と確定申告の業務を依頼することも必要になるでしょう。個人事業のときよりもそれらの作業ははるかに複雑になるので、独力で行うことは難しくなります。もちろん、個人のときにも税理士に依頼する人は多いでしょうが、法人で依頼する場合には支払う報酬額はより高額になります。

法人を維持するために発生するランニングコストを考えると、ある程度の所得の規模がないと法人化は割にあわないかもしれません。そうした点をふまえて、法人化を行う前には費用対効果をしっかりと検証しましょう。

決算期を決めるときには繁忙期を避ける

また、前述のように個人事業の場合、事業年度は1月1日から12月31日、決算日は12月31日と決まっています。

一方、法人は事業年度と決算日を自由に設定することができます。

そこで、それらをいつにするかが問題となりますが、一般論として事業の繁忙期は避けたほうがよいでしょう。

決算作業の大半は税理士に依頼することになるでしょうが、事業主自身もある程度はかかわることになります。繁忙期で業務に集中しなければならない場合、決算対策に十分な時間を使えなくなるおそれが出てきます。

また、決算から2か月後には、法人税と消費税の申告を行わなければなりません。その作業にとられる時間も考慮する必要があります。したがって、決算月から2か月後までは繁忙期と重ならないような形で事業年度を設定することが望ましいといえます。

ここが重要！

後で事業年度を変更することも可能ですが、手間と費用がかかるので、初めに慎重に決めることが大切。

用語 **ランニングコスト** 事業を維持するうえで必要となるコストのこと。一方、事業を始める際に必要となる資金をイニシャルコストという。

法人に課される主な税金の種類と消費税

主な税金

❶ 法人税

国に納付する国税で、法人の所得金額をもとに課される税金。

所得金額	税率
800万円以下の部分	15%
800万円超の部分	23.2%

❷ 地方法人税

国が徴収し、全額が地方交付税の原資となる税金。税額は、「**課税標準法人税額×税率**」で計算し、税率は**10.3%**。

❸ 法人住民税

法人に課される住民税（地方税）であり、「**法人道府県民税**」と「**法人市町村民税**」に分かれる。それぞれについて「**均等割**」と「**法人税割**」の形で税金を納めなければならない。

「法人税割」は赤字の場合には支払う義務はないが、「均等割」は赤字の場合でも課されることになる。その額は会社の資本金の額などにより異なり、最低でも「法人道府県民税」と「法人市町村民税」とあわせて**7万円**になる。

❹ 法人事業税

法人住民税と同様に、地方自治体に納付する地方税。法人が事業を行うにあたって利用している道路や港湾、消防、警察などの公共サービスや公共施設について、その経費の一部を負担する目的で課税される。

❺ 特別法人事業税

大都市に税収が集中する課題に対処するために徴収される税で、法人事業税とともに徴収される。

消費税、その他のポイント

税金に関しては、法人化する際に個人から法人に資産が譲渡されるのに伴い、**所得税**や**消費税**の負担が発生するおそれがある点にも注意が必要。

まず、所得税に関しては、たとえば個人で所有していた不動産を会社に売却した結果、**譲渡所得**が発生した場合に課される可能性がある。

また、消費税に関しては、個人事業の段階で**課税事業者**だった場合に、個人と法人の取引が行われたとして課される可能性がある。

6
章

事業をステップアップする

⑨ 事業をたたんだ後のことも考えておく

事業継承や事業譲渡を視野に入れている場合は、法人化も考慮に。退職金代わりに「小規模企業共済」の利用も考える。

事業が続けられなくなったときの選択肢は3つある

事業をいつまで続けるかは、人それぞれ異なるはずです。しかし、少なくとも「永遠に事業を自分の手で行いたい」と思っても、実現が難しいことは確かでしょう。自らの手で事業を続けられなくなった場合の選択肢としては、大きく次の3つが考えられます。

①子どもなど家族に引き継がせる（事業承継）

②第三者に売却する（事業譲渡）

③事業をたたむ

①事業承継、②事業譲渡を行う場合、個人事業のままでは、事業用資産を個別に譲渡するための複雑で面倒な手続きが必要です。一方、株式会社の場合には、基本的に事業用資産は株式に形を変えているので、それを渡せばよいだけです。したがって、将来的に事業承継や事業譲渡を行う予定であれば、適切なタイミングで、株式会社の形に切り換えておくことが望ましいかもしれません。

一方、③事業をたたむ場合には、個人事業であれば、事業の廃止届を提出すればそれで終わります。青色申告の取りやめも手続き自体は簡単です。それに対して、株式会社の場合には、会社を解散させる手続きが必要になります。会社の債権・債務をすべて清算して、最終的に残った財産があれば株主に分配して会社を閉じるという流れになるので、時間と手間がかかります。したがって、将来的に事業をたたむことを前提とするのであれば、個人事業のままでいるほうがよいかもしれません。

小規模企業共済の利用を考える

個人事業の事業主は会社員とは違い、事業をやめたときに退職金が支給されません。ただし、退職金代わりになる制度はあります。中小企業基盤整備機構によって運営されている「小規模企業共済」です。同制度は、個人事業主が事業を廃止した場合などに備えて、生活資金を積み立てていく仕組みとなっています。掛金全額を所得から控除することが認められているので節税効果も期待できます。

用語 **中小企業基盤整備機構** 中小企業をはじめとした中小規模の事業者への事業活動サポートを目的として設立された独立行政法人。略称は「中小機構」。

小規模企業共済の概略

■ 加入資格

❶ 建設業、製造業、運輸業、サービス業（宿泊業・娯楽業に限る）、不動産業、農業などを営む場合は、常時使用する従業員の数が20人以下の個人事業主または会社などの役員

❷ 商業（卸売業・小売業）、サービス業（宿泊業・娯楽業を除く）を営む場合は、常時使用する従業員の数が5人以下の個人事業主または会社などの役員

❸ 事業に従事する組合員の数が20人以下の企業組合の役員、常時使用する従業員の数が20人以下の協業組合の役員

❹ 常時使用する従業員の数が20人以下であって、農業の経営を主として行っている農事組合法人の役員

❺ 常時使用する従業員の数が5人以下の弁護士法人、税理士法人などの士業法人の社員

❻ 上記❶と❷に該当する個人事業主が営む事業の経営に携わる共同経営者（個人事業主1人につき2人まで）

■ 掛金

掛金の内容	詳細
掛金月額	1,000円から7万円までの範囲内（500円単位）で自由に選択可能
納付方法	月払い、半年払い、年払いから選択できる
増額・減額	掛金月額は、1,000円から7万円までの範囲内（500円単位）で、増額または減額できる
掛金の前納	前納も可能。前納すると、一定割合の前納減額金を受け取ることができる

メモ　小規模企業共済の掛金は全額控除できるので、もし払えるのなら最大限の額を、具体的には毎月7万円（年間84万円）を払うことが望ましい。

コラム

取引先の倒産に
共済・保険などで備える

　取引先が倒産した場合、売掛金（うりかけきん）などの債権が回収できず、最悪の場合、自らも倒産に追い込まれる危険があります。実際、回収できない債権の額が大きく、手元資金が不足している状況に陥った場合など、"**連鎖倒産**"のおそれが現実味を帯びることになるでしょう。

　そうした万が一の事態を避けたいのであれば、取引先の倒産に備える対策を事前に講じておくことが必要です。

　まず検討したいのは、「**中小企業倒産防止共済（経営セーフティ共済）**」への加入です。

　これは、中小企業基盤整備機構（200ページ参照）が設けている共済制度で、取引先が倒産した場合に、個人事業主などに緊急の資金を融資の形で提供するものです。貸付額の上限は「**回収困難となった売掛金債権等の額**」または「**納付された掛金総額の10倍（最高8,000万円）**」の、いずれか少ないほうの金額です。

　掛金月額は、5,000円から20万円までの範囲で選べ、掛金総額が800万円になるまで積み立てることができます。掛金は、**必要経費**に算入することが認められているので、小規模企業共済（188、200ページ参照）と同様に節税手段にもなります。また、取引先が倒産していなくても、臨時に事業資金を必要とする場合には、**解約手当金の95％を上限として一時貸付金**を受けることもできます。

　もう1つの対策手段としては、「**取引信用保険**」もあげられます。取引信用保険は、取引先の倒産などで債権の回収を行えない場合の損害を補償する保険商品です。経営セーフティ共済で受け取れるお金は融資であるため返済が必要ですが、こちらは保険金であるため**返済義務はありません**。

　取引信用保険の多くはもっぱら法人を対象としていますが、中には個人事業主が加入できるものもあります。取引信用保険を取り扱っている保険会社のサイトで詳細を確認してみるとよいでしょう。

さくいん

さくいん

さくいん

さくいん

●監修者

藤井　幹久（ふじい　みきひさ）

マルイシ税理士法人　代表社員税理士
早稲田大学商学部卒業後、事業会社及び税理士法人での勤務を経て、マルイシ税理士法人を設立。
現在、同法人の代表社員税理士として税理士業務とコンサルティング業務を行っており、
税務相談件数10,000件超、申告関与件数500件超、セミナー講師等300件超の実績がある。
専門分野は、不動産税務、相続・事業承継対策、個人事業の法人化など。

●協力

鈴木　雅人（すずき　まさと）

マルイシ税理士法人　税理士
埼玉大経済学部卒業後、事業会社及び都内会計事務所での勤務を経て、マルイシ税理士法人入社。
専門分野は、不動産税務、相続など。税務業務の他、税理士試験受験生向けの大手専門学校にて
所得税法、住民税の講師も務める。

本文デザイン●遠藤デザイン	マンガ・キャラクター●森崎達也（株式会社ウエイド"wade"）
イラスト●高木一夫／HOPBOX	執筆協力●鈴木健一
編集協力●knowm	編集担当●田丸智子（ナツメ出版企画株式会社）

本書に関するお問い合わせは、書名・発行日・該当ページを
明記の上、下記のいずれかの方法にてお送りください。
電話でのお問い合わせはお受けしておりません。
・ナツメ社 web サイトの問い合わせフォーム
　https://www.natsume.co.jp/contact
・FAX（03-3291-1305）
・郵送（下記、ナツメ出版企画株式会社宛て）
なお、回答までに日にちをいただく場合があります。正誤のお問い合わせ以外の書籍内容に関する解説や法律相談・税務相談は一切行っておりません。あらかじめご了承ください。

ナツメ社Webサイト
https://www.natsume.co.jp
書籍の最新情報（正誤情報を含む）は
ナツメ社Webサイトをご覧ください。

知識ゼロでも自分でできる！　個人事業の始め方

2020年1月1日　初版発行
2022年6月20日　第3刷発行

監修者	藤井幹久	Fujii Mikihisa, 2020
発行者	田村正隆	
発行所	**株式会社ナツメ社** 東京都千代田区神田神保町1-52　ナツメ社ビル1F（〒101-0051） 電話　03(3291)1257（代表）　FAX　03(3291)5761 振替　00130-1-58661	
制　作	**ナツメ出版企画株式会社** 東京都千代田区神田神保町1-52　ナツメ社ビル3F（〒101-0051） 電話　03(3295)3921（代表）	
印刷所	**ラン印刷社**	

ISBN978-4-8163-6750-2　　　　　　　　　　　　　　　　　Printed in Japan
〈定価はカバーに表示してあります〉〈落丁・乱丁本はお取り替えします〉